RELACJE INTERPERSONALNE

Autor:

Jacob Jones

Ograniczona odpowiedzialność – Zastrzeżenie

Należy pamiętać, że treść tej książki opiera się na osobistych doświadczeniach i różnych źródłach informacji i jest przeznaczona wyłącznie do użytku osobistego.

Należy pamiętać, że informacje zawarte w niniejszym dokumencie służą wyłącznie celom edukacyjnym i rozrywkowym i nie są udzielane żadne gwarancje, określone lub dorozumiane.

Czytelnicy przyjmują do wiadomości, że autor nie zajmuje się udzielaniem porad prawnych, finansowych ani zawodowych. Przed wypróbowaniem jakiejkolwiek techniki opisanej w tej książce, skonsultuj się z licencjonowanym profesjonalistą.

Żadne informacje zawarte w tej książce nie zastępują zdrowego rozsądku, rachunkowości prawnej ani profesjonalnej porady i mają wyłącznie charakter informacyjny.

Twoja szczególna sytuacja może nie pasować do przykładu przedstawionego w tej książce; w rzeczywistości prawdopodobnie ich nie będzie.

Z informacji zawartych w tej książce korzystasz na własne ryzyko. Czytelnik jest odpowiedzialny za swoje czyny.

Deklaruje się, że informacje zawarte w tym dokumencie są prawdziwe i spójne, ponieważ wszelka odpowiedzialność wynikająca z nieostrożności lub inna, wynikająca z użycia lub nadużycia jakichkolwiek zasad, procesów lub instrukcji zawartych w tym dokumencie, jest wyłączną i całkowitą odpowiedzialnością czytelnika-odbiorcy.

Czytając tę książkę, czytelnik zgadza się, że w żadnym wypadku autor nie będzie ponosił odpowiedzialności za jakiekolwiek

straty, bezpośrednie lub pośrednie, poniesione w wyniku
wykorzystania informacji w niej zawartych, w tym między innymi
za błędy, pominięcia lub nieścisłości.

Streszczenie

WSTĘP DO RELACJI INTERPERSONALNYCH

Definicja relacji interpersonalnych

Relacje międzyludzkie są tkanką łączną naszego życia, splatającą tekstury ludzkich doświadczeń w mozaikę bogatą w znaczenia i połączenia. Celem tego rozdziału jest jasne zdefiniowanie, czym są relacje międzyludzkie i położenie podstaw do zrozumienia ich złożonej dynamiki.

Relacje interpersonalne odnoszą się do powiązań, więzi i interakcji między jednostkami. Więzy te mogą objawiać się w wielu formach, w tym w przyjaźniach, więziach rodzinnych, związkach romantycznych i powiązaniach zawodowych. Relacje międzyludzkie mogą być zarówno krótkotrwałe, jak i długotrwałe, ale wszystkie mają jeden wspólny element: obejmują komunikację i interakcję między ludźmi.

Do kluczowych cech relacji międzyludzkich należą:

1. Komunikacja: Relacje międzyludzkie opierają się na komunikacji, która może być werbalna, niewerbalna lub pisemna. Komunikacja to sposób, w jaki dzielimy się z innymi myślami, uczuciami, pragnieniami i potrzebami.
2. Więź emocjonalna: Relacje międzyludzkie często obejmują więź emocjonalną między jednostkami. To połączenie może objawiać się poprzez uczucie, empatię, solidarność i wzajemne zrozumienie.
3. Współzależność: osoby zaangażowane w relacje międzyludzkie są w jakiś sposób od siebie zależne. Ta współzależność może dotyczyć wzajemnego wsparcia, dzielenia się zasobami lub wspólnej pracy na rzecz osiągnięcia wspólnych celów.

4. Zmiana i rozwój: Relacje międzyludzkie mogą wpływać na osobiste zmiany i rozwój. Dzięki relacjom ludzie mogą się uczyć, rozwijać i zmieniać z biegiem czasu.
5. Różnorodność kontekstów: Relacje międzyludzkie mają miejsce w szerokim zakresie kontekstów, od rodziny po pracę, od bliskich przyjaźni po swobodne relacje.

Podsumowując, relacje międzyludzkie są podstawą ludzkich doświadczeń. Badając tę złożoną sieć powiązań, odkryjemy, jak mogą one głęboko wpłynąć na nasze codzienne życie i jak możemy je kultywować dla naszego dobrego samopoczucia i rozwoju osobistego.

W kolejnych rozdziałach zagłębimy się w konkretne aspekty relacji międzyludzkich, badając wyzwania, strategie komunikacji i narzędzia budowania satysfakcjonujących i trwałych relacji.

Znaczenie relacji międzyludzkich w życiu codziennym

Relacje międzyludzkie są istotnym elementem naszego codziennego życia, wpływając praktycznie na każdy aspekt naszego dobrego samopoczucia, szczęścia i doświadczeń.

W tym rozdziale szczegółowo badamy kluczowe znaczenie tych relacji i ich wpływ na nasz świat wewnętrzny i nasze doświadczenia zewnętrzne.

Łączność społeczna i dobre samopoczucie emocjonalne:

1. Relacje międzyludzkie są spoiwem społecznym, które spaja nas jako społeczność ludzką. Reprezentują naszą zdolność do łączenia się emocjonalnie, dzielenia się doświadczeniami i otrzymywania wsparcia od innych. Oto niektóre ze sposobów, w jaki relacje międzyludzkie wpływają na nasze samopoczucie emocjonalne:

2. Wsparcie emocjonalne: Relacje zapewniają kluczowy system wsparcia w chwilach stresu, trudności lub smutku. Umiejętność dzielenia się emocjami i otrzymywania wsparcia od innych pomaga nam lepiej radzić sobie z wyzwaniami życiowymi.

3. Poczucie przynależności: bycie częścią sieci społecznościowej daje nam poczucie przynależności i tożsamości. Poczucie akceptacji i włączenia przez innych może poprawić naszą samoocenę i poczucie własnej wartości.

4. Szczęście i radość: Relacje międzyludzkie mogą wnieść szczęście i radość do naszego życia. Dzielenie się szczęśliwymi chwilami z innymi zwiększa naszą radość i wzbogaca nasze doświadczenia.

5. Zmniejszenie poczucia samotności: Relacje międzyludzkie chronią nas przed samotnością – uczuciem, które może mieć negatywny wpływ na zdrowie psychiczne i fizyczne. Otaczanie się ludźmi, którzy nas rozumieją i akceptują, zmniejsza poczucie izolacji.

Wpływ na sukces zawodowy:

Relacje międzyludzkie wpływają nie tylko na nasze życie osobiste, ale także życie zawodowe. Silna sieć kontaktów i umiejętności skutecznych relacji są często kluczem do sukcesu w miejscu pracy. W tym rozdziale przyjrzymy się również, w jaki sposób relacje mogą:

1. Ułatwianie współpracy: Pozytywne relacje międzyludzkie mają kluczowe znaczenie dla skutecznej współpracy i pracy zespołowej w środowisku zawodowym.
2. Otwieranie możliwości kariery: Silna sieć kontaktów może otworzyć drzwi i możliwości kariery, które w innym przypadku mogłyby być niedostępne.
3. Poprawa komunikacji: umiejętność komunikowania się i zarządzania relacjami ze współpracownikami, przełożonymi i podwładnymi ma kluczowe znaczenie dla udanej kariery.
4. Zmniejsz stres w pracy: Pozytywne relacje w miejscu pracy mogą zmniejszyć stres i poprawić ogólną satysfakcję z pracy.

Podsumowując, relacje międzyludzkie są tkanką łączną naszego codziennego życia, wpływającą zarówno na nasze osobiste samopoczucie, jak i na nasz sukces zawodowy.

W tej książce będziemy dalej badać, jak kultywować znaczące relacje i rozwijać skuteczne umiejętności komunikacji, aby poprawić jakość naszych interakcji i naszego życia.

EFEKTYWNA KOMUNIKACJA

Podstawy komunikacji

Komunikacja jest bijącym sercem relacji międzyludzkich. W tym rozdziale przeanalizujemy podstawy komunikacji i kluczowe zasady, którymi się ona kieruje. Zrozumienie tych pojęć jest niezbędne do rozwijania skutecznych umiejętności komunikacyjnych w naszych relacjach.

Komunikacja jako wymiana wiadomości:

Komunikacja to złożony proces obejmujący wysyłanie i odbieranie wiadomości między osobami. Komunikaty te można przekazywać różnymi środkami, w tym językiem werbalnym, językiem niewerbalnym i pismem.

Podstawy komunikacji obejmują:

1. Nadawca i odbiorca: W każdej interakcji komunikacyjnej występuje nadawca (który wysyła wiadomość) i odbiorca (który odbiera wiadomość). Zrozumienie roli każdej ze stron jest niezbędne dla skutecznej komunikacji.
2. Wiadomość: Wiadomość to przekazywana informacja lub treść. Może być jawne (stwierdzone bezpośrednio) lub ukryte (dorozumiane).
3. Kanał komunikacji: Kanał to środek, za pośrednictwem którego wiadomość jest przesyłana. Może to być werbalne (słowa), niewerbalne (gesty, mimika, mowa ciała) lub pisemne (teksty, e-maile, listy).
4. Kodowanie i dekodowanie: nadawca koduje wiadomość, a odbiorca ją dekoduje. Zrozumienie zależy od zdolności obu stron do korzystania z tego samego systemu kodowania i dekodowania.

Bariery komunikacyjne:

Chociaż komunikacja ma kluczowe znaczenie, wiele wyzwań może ją utrudniać.

Niektóre z typowych barier obejmują:

1. Zniekształcenie wiadomości: Wiadomości mogą być zniekształcone lub błędnie zinterpretowane z powodu błędów w kodowaniu lub dekodowaniu.
2. Brak aktywnego słuchania: Brak aktywnego słuchania ze strony odbiorcy może utrudniać zrozumienie i odpowiednią reakcję.
3. Filtrowanie: poszczególne osoby mogą filtrować lub edytować wiadomości, aby dopasować je do swoich przekonań lub oczekiwań.
4. Hałas: Hałas fizyczny lub emocjonalny może zakłócać transmisję wiadomości.

Efektywne umiejętności komunikacji:

W tej książce omówimy kluczowe umiejętności, które przyczyniają się do skutecznej komunikacji.

Obejmują one:

1. Aktywne słuchanie: Aktywne słuchanie to umiejętność uważnego słuchania i empatycznego reagowania na komunikację innych.
2. Komunikacja niewerbalna: Zrozumienie sygnałów niewerbalnych, takich jak mowa ciała i mimika, jest niezbędne do skutecznej komunikacji.
3. Empatia: Empatia to zdolność rozumienia i dzielenia się uczuciami innych, co pomaga budować głębsze relacje.
4. Jasność i zwięzłość: Jasne i zwięzłe wyrażanie pomysłów poprawia wzajemne zrozumienie.

Zrozumienie podstaw komunikacji jest pierwszym krokiem do poprawy jakości naszych relacji międzyludzkich. W późniejszych rozdziałach zbadamy te umiejętności bardziej szczegółowo i przedstawimy praktyczne narzędzia do ich rozwijania.

Bariery komunikacyjne

Skuteczna komunikacja jest ważnym celem w relacjach międzyludzkich, jednak często bariery mogą ten proces zakłócać.

W tym rozdziale przyjrzymy się niektórym powszechnym barierom w komunikacji i sposobom ich pokonania.

1. Zniekształcenie przekazu.

Zniekształcenie komunikatu ma miejsce, gdy komunikat przesłany przez nadawcę nie jest poprawnie interpretowany przez odbiorcę.

To zniekształcenie może wystąpić z różnych powodów:

- Brak przejrzystości w przekazie: Jeżeli przekaz jest niejednoznaczny lub niejasny, odbiorca może go zinterpretować inaczej, niż zamierzył nadawca.
- Różnice kulturowe: Różnice kulturowe w zakresie norm komunikacyjnych, gestów i wyrażeń mogą prowadzić do nieporozumień.
- Stan emocjonalny: Intensywne emocje mogą wpływać na postrzeganie i zrozumienie przekazu. Na przykład rozzłoszczona osoba może zinterpretować neutralny komentarz jako krytykę.

2. Brak aktywnego słuchania.

Aktywne słuchanie jest kluczowym elementem skutecznej komunikacji. Jednak wiele osób nie słucha uważnie innych.

Bariery w aktywnym słuchaniu mogą obejmować:

- Rozproszenie uwagi: Obecność zewnętrznych czynników rozpraszających lub myślenie o innych rzeczach może uniemożliwić skupienie się na słuchaniu.
- Obawa przed reakcją: Niektóre osoby mogą bardziej skupiać się na swojej reakcji lub tym, jak będą postrzegane, niż na prawdziwym słuchaniu drugiej osoby.
- Przedwczesny osąd: Wyciąganie wniosków lub przedwczesne ocenianie innych może utrudniać zrozumienie.

3. Filtracja

Filtrowanie ma miejsce, gdy dana osoba edytuje lub cenzuruje przesyłaną wiadomość.

Może to być spowodowane:

- Strach przed konsekwencjami: Strach przed negatywnymi reakcjami lub konfliktem może skłonić osobę do filtrowania wiadomości, aby uczynić ją bardziej akceptowalną.
- Ukrywanie informacji: Czasami ludzie ukrywają informacje, aby chronić swoją prywatność lub z powodów osobistych.
- Brak zaufania: Brak zaufania do drugiej osoby może prowadzić do ograniczonej lub zniekształconej komunikacji.

4. Hałas.

- Hałas to wszelkie zakłócenia, które odwracają uwagę od komunikacji. Może to być hałas fizyczny (taki jak dźwięki otoczenia) lub hałas emocjonalny (taki jak stres lub niepokój). Hałas może utrudniać odbiorcy skoncentrowanie się na wiadomości.

Pokonanie tych barier wymaga świadomości, praktyki i umiejętności komunikacyjnych. W kolejnych rozdziałach zbadamy, jak poprawić komunikację i rozwinąć umiejętności aktywnego słuchania, aby pokonać te wyzwania.

Efektywne umiejętności komunikacji

Skuteczna komunikacja jest niezbędna do budowania pozytywnych i satysfakcjonujących relacji międzyludzkich. W tym rozdziale przyjrzymy się niektórym kluczowym umiejętnościom, które przyczyniają się do skutecznej komunikacji.

1. Aktywne słuchanie.

Aktywne słuchanie jest jedną z najważniejszych umiejętności w komunikacji. Polega na uważnym słuchaniu tego, co mówi druga osoba, bez rozpraszania się i z empatią.

Oto kilka strategii rozwijania aktywnego słuchania:

- Zapewnij pełną uwagę: Skoncentruj się całkowicie na osobie mówiącej, unikając zakłóceń i przerw.
- Zadawaj pytania otwarte: Zadawaj pytania, które wymagają pełniejszych odpowiedzi i stymulują dogłębną rozmowę.
- Zastanów się i potwierdź: Powtórz lub sparafrazuj to, co powiedziała druga osoba, aby pokazać, że rozumiesz i potwierdzasz swoje myśli i uczucia.
2. Nie komunikacja werbalna.

Komunikacja niewerbalna obejmuje gesty, mimikę, mowę ciała i ton głosu. Elementy te mogą przekazywać potężne wiadomości.

Oto kilka wskazówek, jak skutecznie wykorzystywać komunikację niewerbalną:

- Utrzymuj kontakt wzrokowy: Utrzymywanie kontaktu wzrokowego podczas rozmowy świadczy o zainteresowaniu i uwadze.

- Zarządzaj mową ciała: Używaj otwartej i pozytywnej mowy ciała, aby wyrazić zaufanie i otwartość.
- Dostosuj się do tonu głosu: Moduluj ton głosu tak, aby był zgodny z przekazywaną wiadomością.
3. Empatia.

Empatia to umiejętność postawienia się w sytuacji drugiej osoby, zrozumienia jej uczuć i reagowania z wyczuciem. Oto jak rozwijać empatię:

- Praktykuj perspektywę: Spróbuj spojrzeć na rzeczy z punktu widzenia drugiej osoby, zastanawiając się, jak mogłaby się czuć w określonych sytuacjach.
- Wyrażaj empatię: używaj wyrażeń takich jak „Wyobrażam sobie, jak się czujesz...", aby okazać zrozumienie i wsparcie.
4. Jasność i zwięzłość.

Aby uniknąć nieporozumień w komunikacji, niezbędna jest jasność i zwięzłość.

Oto jak poprawić przejrzystość i zwięzłość:

- Unikaj dwuznaczności: używaj jasnych, konkretnych słów i wyrażeń, aby uniknąć dwuznaczności.
- Podsumuj główne idee: Podczas komunikacji skup się na głównych ideach, unikając niepotrzebnych szczegółów.
5. Rozwiązanie konfliktu.
- Skuteczne umiejętności komunikacyjne są kluczowe w rozwiązywaniu konfliktów. Nauka konstruktywnego zarządzania konfliktem wymaga umiejętności takich jak aktywne słuchanie, wyrażanie opinii z szacunkiem i poszukiwanie wspólnych rozwiązań.

Rozwijanie tych umiejętności komunikacyjnych jest procesem ciągłym i może znacząco przyczynić się do poprawy relacji międzyludzkich. W całej książce zagłębimy się w te umiejętności i przedstawimy praktyczne ćwiczenia, które pozwolą je dalej rozwijać.

Aktywne słuchanie

Aktywne słuchanie to kluczowa umiejętność w komunikacji interpersonalnej, która wykracza poza zwykłe przyjmowanie słów drugiej osoby. Polega na aktywnym zaangażowaniu w słuchanie i głębokie zrozumienie przekazu, uczuć i potrzeb drugiej osoby. W tym rozdziale szczegółowo omówimy aktywne słuchanie i podamy wskazówki, jak je rozwijać.

1. Zrozumienie aktywnego słuchania.

Aktywne słuchanie to nie tylko wzajemne słuchanie słów, ale także zrozumienie ich emocji, intencji i głębszego znaczenia.

Oto kilka kluczowych elementów aktywnego słuchania:

- Pełna koncentracja: Skup całą uwagę na osobie mówiącej. Wyeliminuj czynniki rozpraszające i pokaż, że naprawdę interesuje Cię to, co mówi.
- Okaż zainteresowanie: używaj niewerbalnych wskazówek, takich jak kontakt wzrokowy, otwarta mowa ciała i utrzymywanie uważnej postawy, aby okazać zainteresowanie.
- Unikaj przerywania: Nie przerywaj drugiej osobie, gdy mówi. Pozwól mu dokończyć myśl, zanim odpowie.
- Zadawaj pytania otwarte: Zadawaj pytania otwarte, aby zachęcić drugą osobę do głębszego wyrażania się i dzielenia się swoimi uczuciami.

2. Refleksja i potwierdzenie.

Istotną częścią aktywnego słuchania jest umiejętność refleksji i potwierdzenia tego, co usłyszałeś. To pokaże drugiej osobie, że próbujesz zrozumieć i że jej słowa zostały wysłuchane.

Oto kilka strategii, jak to zrobić:

- Powtórz lub parafrazuj: Po wypowiedzi drugiej osoby możesz powtórzyć lub sparafrazować to, co usłyszałeś. Na przykład: „Rozumiem, że mówisz…"
- Potwierdź uczucia: Zidentyfikuj i wyraź uczucia, którymi podziela się druga osoba. Na przykład: „Wyglądasz na bardzo zaniepokojonego tą sytuacją".
- Unikaj osądzania: Unikaj oceniania i krytykowania słów lub uczuć drugiej osoby. Zachowuj otwartą i pełną szacunku postawę.
3. Korzyści z aktywnego słuchania.

Aktywne słuchanie ma wiele zalet w relacjach międzyludzkich:

- Popraw wzajemne zrozumienie: pomaga uniknąć nieporozumień i promuje głębsze zrozumienie między ludźmi.
- Buduje zaufanie: Kiedy ludzie czują się wysłuchani i zrozumiani, w związkach rozwija się poczucie zaufania i bliskości.
- Rozwiązuje konflikty: Aktywne słuchanie jest niezbędne w rozwiązywaniu konfliktów, ponieważ pozwala ludziom wyrazić swój punkt widzenia i wspólnie znajdować rozwiązania.
- Zwiększ efektywną komunikację: promuje otwartą i szczerą komunikację, co prowadzi do ogólnej lepszej komunikacji.

Rozwijanie aktywnego słuchania wymaga ciągłej praktyki, ale korzyści są znaczące. W kolejnych rozdziałach będziemy dalej badać, jak zastosować aktywne słuchanie w różnych sytuacjach i jak udoskonalić tę kluczową umiejętność, aby budować silniejsze i bardziej satysfakcjonujące relacje międzyludzkie.

Nie komunikacja werbalna

Komunikacja niewerbalna jest potężną formą ludzkiej ekspresji, często pomijaną, ale niezwykle znaczącą. W tym rozdziale omawiamy fascynujący świat komunikacji niewerbalnej i jej wpływ na nasze relacje międzyludzkie.

1. Język ciała:
- Gesty, postawa i mimika przekazują emocje i intencje bez słów.
- Naucz się rozpoznawać sygnały mowy ciała, aby lepiej rozumieć innych.
2. Kontakt wzrokowy:
- Spojrzenie jest potężną formą komunikacji niewerbalnej.
- Utrzymuj kontakt wzrokowy, aby wykazać zainteresowanie i pewność siebie w swoich interakcjach.
3. Wyrazy twarzy:
- Wyraz twarzy wyraża emocje, pragnienia i reakcje.
- Aby komunikować się celowo, zwracaj uwagę na mimikę twarzy.
4. Zarządzanie przestrzenią osobistą:
- Każda osoba ma obszar przestrzeni osobistej, a natrętność może powodować dyskomfort.
- Szanuj granice przestrzeni osobistej innych, aby zachować wygodne interakcje.
5. Ton głosu i głośność:
- Sposób, w jaki mówisz, w tym ton i głośność głosu, wpływa na to, jak odbierana jest Twoja komunikacja.
- Dostosuj ton i głośność do sytuacji i osoby, z którą rozmawiasz.
6. Język ciała i kłamstwa:

- Niespójności między mową ciała a słowami mogą ujawnić kłamstwa.
- Naucz się rozpoznawać oznaki potencjalnych kłamstw w związkach.

7. Synchroniczność i zbieżność:

- Synchronizacja ruchu i ekspresji może stworzyć silniejsze połączenia.
- Szukaj zbieżności z innymi, aby zbudować większe powinowactwo.

8. Kultura komunikacji niewerbalnej:

- Komunikacja niewerbalna może znacznie się różnić w zależności od kultury.
- Bądź świadomy różnic kulturowych, aby uniknąć nieporozumień w relacjach międzykulturowych.

9. Szkolenia i doskonalenie:

- Możesz poprawić swoje umiejętności komunikacji niewerbalnej poprzez szkolenia i praktykę.
- Samoświadomość jest kluczem do stania się bardziej skutecznym komunikatorem niewerbalnym.

10. Wpływ na jakość relacji:

- Dokładna i skuteczna komunikacja niewerbalna może znacznie poprawić jakość Twoich relacji międzyludzkich.
- Użyj tej potężnej formy ekspresji, aby zbudować głębsze, bardziej autentyczne więzi.

Eksplorując rozległy świat komunikacji niewerbalnej, odkryjesz, jak może ona wzbogacić Twoje relacje, poprawić zrozumienie innych i umożliwić skuteczniejszą i autentyczną komunikację.

Zainwestuj w swój rozwój osobisty i umiejętność komunikowania się niewerbalnego, aby budować silniejsze i bardziej znaczące relacje.

BUDOWANIE ZDROWEJ RELACJI

Etapy rozwoju relacji

Relacje interpersonalne w trakcie swojego rozwoju przechodzą przez kilka etapów. Zrozumienie tych etapów może pomóc w zarządzaniu oczekiwaniami, radzeniu sobie z wyzwaniami i wspieraniu rozwoju relacji. W tym rozdziale omówimy typowe etapy rozwoju relacji.

1. Faza spotkań i atrakcji.

Pierwszy etap związku często charakteryzuje się przypadkowymi spotkaniami lub prezentacjami. Na tym etapie ludzie mogą być do siebie przyciągani z różnych powodów, w tym z wyglądu fizycznego, wspólnych zainteresowań lub osobowości. Jest to okres wzajemnego odkrywania, w którym nawiązuje się pierwszy kontakt.

2. Faza dogłębna.

W fazie pogłębiania ludzie zaczynają dzielić się sobą bardziej, zarówno na poziomie emocjonalnym, jak i osobistym. Ten etap może obejmować dzielenie się najskrytszymi doświadczeniami, myślami i uczuciami. Rozwija się większe wzajemne zrozumienie i wzmacnia się więź.

3. Faza stabilności.

Na etapie stabilności związek osiągnął punkt, w którym ludzie czują się ze sobą komfortowo i ustalili rutynę lub strukturę swoich interakcji. Ten etap może obejmować budowanie poczucia zaufania i pogłębianie wzajemnego zaangażowania.

4. Faza wyzwania lub konfliktu.

Żaden związek nie jest odporny na wyzwania i konflikty. Mogą się one pojawić, gdy różnice między ludźmi staną się widoczne lub gdy zostaną poruszone ważne kwestie. Etap wyzwania lub konfliktu to krytyczny moment, w którym ludzie muszą współpracować, aby rozwiązać problemy i poprawić relacje.

5. Etap zaangażowania.

Na etapie zaangażowania ludzie decydują się na głębsze zaangażowanie w związek. Może się to objawiać poprzez małżeństwo, wspólne pożycie lub inne znaczące zobowiązania. Zaangażowanie wskazuje na silną chęć kontynuowania relacji w dłuższej perspektywie.

6. Faza pojednania lub wzmocnienia.

Po uporaniu się z konfliktem lub wyzwaniami wiele relacji przechodzi przez fazę pojednania lub wzmocnienia. Na tym etapie ludzie mogą wzmocnić swoją więź, uczyć się na przeszłych doświadczeniach i współpracować, aby pokonać trudności.

7. Faza ciągłego wzrostu lub spadku.

Relacje mogą z czasem rosnąć i rozwijać się, jeśli się o nie dba i pielęgnowa. Jednakże, jeśli zostanie zaniedbany lub jeśli potrzeby obu stron ulegną zmianie, związek może wejść w fazę upadku.

Ważne jest, aby pamiętać, że nie wszystkie relacje podążają tą samą ścieżką lub osiągają wszystkie te etapy. Ponadto czas spędzony na każdym etapie może się znacznie różnić w zależności od relacji.

Zrozumienie, na jakim etapie znajduje się związek, może pomóc Ci przewidzieć wyzwania i możliwości, które mogą się pojawić, a także współpracować w celu zbudowania silnych i trwałych relacji międzyludzkich. W kolejnych rozdziałach szczegółowo omówimy, jak skutecznie zarządzać każdym etapem.

Budowanie zaufania w relacjach

Zaufanie jest podstawowym elementem każdej relacji międzyludzkiej. Bez zaufania relacje mogą być kruche i trudne do utrzymania. W tym rozdziale omówimy, jak budować i utrzymywać zaufanie w relacjach.

1. Otwarta i szczera komunikacja.

Podstawą zaufania jest otwarta i szczera komunikacja. Oznacza to bycie ze sobą szczerym, dzielenie się przemyśleniami, uczuciami i doświadczeniami w sposób przejrzysty i bezpośredni. Unikanie kłamstwa i tajemnicy jest niezbędne do budowania i utrzymywania wzajemnego zaufania.

2. Szacunek i poszanowanie granic osobistych.

Wzajemny szacunek ma kluczowe znaczenie dla zaufania. Każda osoba ma swoje osobiste ograniczenia, potrzeby i granice. Przestrzeganie tych ograniczeń jest wyrazem szacunku i pomaga stworzyć atmosferę zaufania. Szukanie zgody i wzajemne słuchanie potrzeb to ważne elementy szacunku.

3. Spójność słów i czynów.

Spójność między tym, co mówisz, a tym, co robisz, jest kluczem do budowania zaufania. Dotrzymywanie obietnic i działania zgodne ze słowami wzmacniają wzajemne zaufanie. Z drugiej strony mówienie jednego, a robienie drugiego może szybko podważyć zaufanie.

4. Konstruktywne radzenie sobie z konfliktami.

Konflikty są nieuniknione w każdym związku. Jednak sposób, w jaki radzisz sobie z konfliktami, może mieć znaczący wpływ na zaufanie. Podchodzenie do konfliktów z szacunkiem, słuchanie wzajemnych punktów widzenia i poszukiwanie wspólnych rozwiązań może raczej wzmocnić zaufanie niż je podważać.

5. Okaż empatię i bądź obecny.

Okazywanie empatii oznacza zrozumienie i dzielenie się uczuciami drugiej osoby. Bycie obecnym, czyli mentalnym i emocjonalnym podczas interakcji, jest niezbędne do budowania więzi zaufania. Kiedy ludzie czują się wysłuchani, zrozumiani i empatycznie wspierani, jest bardziej prawdopodobne, że zaufają sobie nawzajem.

6. Szanuj prywatność i poufność.

Niezbędne jest poszanowanie prywatności i poufności. Utrzymywanie udostępnianych danych osobowych w tajemnicy i wzajemne poszanowanie prywatności pomaga stworzyć bezpieczne i pełne zaufania środowisko.

7. Bądź niezawodny i stały.

Zaufanie buduje się z biegiem czasu dzięki konsekwencji i niezawodności. Bycie obecnymi w życiu drugiej osoby i robienie tego, co mówisz, pomoże zbudować reputację osoby godnej zaufania.

8. Poproś o opinię i potwierdź pozytywnie.

Proszenie o informację zwrotną na temat postępów w związku i regularne wyrażanie pozytywnych podziękowań może pomóc w budowaniu zaufania. Świadczy to o wzajemnym zainteresowaniu dobrem drugiej osoby i chęci poprawy relacji.

Budowanie zaufania wymaga czasu, wysiłku i poświęcenia. Należy również pamiętać, że zaufanie może być wrażliwe i kruche, dlatego należy traktować je ostrożnie. Kontynuując pracę nad otwartą komunikacją, wzajemnym szacunkiem oraz konsekwencją w słowach i czynach, można stworzyć i utrzymać trwałe i znaczące relacje oparte na zaufaniu.

Rozwiązanie konfliktu

Konflikty są nieuniknioną częścią relacji międzyludzkich. Jednak skuteczne zarządzanie nimi jest niezbędne, aby zachować i wzmocnić relacje, a nie je niszczyć. W tym rozdziale przyjrzymy się strategiom konstruktywnego rozwiązywania konfliktów.

1. Zrozumienie natury konfliktu.

Pierwszym krokiem do rozwiązania konfliktu jest zrozumienie jego natury. Konflikty często mają różne źródła, w tym różnice zdań, niezaspokojone potrzeby lub nieporozumienia. Zidentyfikowanie podstawowej przyczyny konfliktu może pomóc w znalezieniu odpowiedniego rozwiązania.

2. Zachowaj spokój i komponuj.

Podczas konfliktu łatwo wpaść w emocje, ale spokój jest niezbędny. Staraj się zachować spokój emocjonalny i unikać reakcji impulsywnych. Pomocne może być głębokie oddychanie i poświęcenie czasu na refleksję.

3. Aktywne słuchanie i empatia.

Aktywne słuchanie ma kluczowe znaczenie podczas konfliktu. Słuchaj uważnie punktu widzenia drugiej osoby, nie przerywając. Spróbuj zrozumieć ich uczucia i obawy, okazując empatię. Kiedy ludzie czują się wysłuchani i empatycznie rozumiani, są bardziej skłonni do współpracy w rozwiązywaniu konfliktów.

4. Jasna i pełna szacunku komunikacja.

Podczas konfliktu niezbędna jest jasna komunikacja. Wyrażaj swoje obawy otwarcie, ale z szacunkiem. Unikaj używania oskarżycielskiego lub obraźliwego języka. Używaj „ja" zamiast „ty", aby uniknąć poczucia, że druga osoba została zaatakowana.

5. Identyfikuj rozwiązania oparte na współpracy.

Zamiast szukać zwycięzcy i przegranego, poszukaj wspólnych rozwiązań, które zadowolą obie strony. Współpracujcie, aby znaleźć kompromisy lub rozwiązania, które szanują potrzeby obu stron.

6. Rozwiązuj jeden problem na raz.

Jeśli w grę wchodzi wiele problemów, rozwiązuj je pojedynczo. Rozwiązywanie jednego problemu na raz może zapobiec nadmiernemu skomplikowaniu konfliktu i ułatwić głębsze skupienie się na każdym problemie.

7. Podkreśl znaczenie relacji.

Pamiętaj o znaczeniu relacji podczas procesu rozwiązywania konfliktu. Często relacje mogą wyjść z konfliktu silniejsze i bardziej spójne, jeśli będą skutecznie zarządzane. Zrozumienie, że celem jest utrzymanie i wzmocnienie relacji, może pomóc zachować perspektywę.

8. Akceptowanie różnic zdań.

Nie wszystkie konflikty można rozwiązać w sposób zadowalający obie strony. W niektórych sytuacjach konieczne może być zaakceptowanie faktu, że istnieją różnice zdań lub potrzeby, których nie da się w pełni pogodzić. W takich przypadkach ważne jest takie zarządzanie konfliktem, aby nie zniszczył on nieodwracalnie relacji.

Rozwiązywanie konfliktów wymaga praktyki i cierpliwości. Jednakże nauka konstruktywnego zarządzania konfliktem może wzmocnić relacje i promować wzajemne zrozumienie. W następnym rozdziale omówimy strategie zapobiegania konfliktom i poprawy komunikacji w związkach.

Zarządzanie emocjami w związkach

Emocje odgrywają kluczową rolę w relacjach międzyludzkich. Skuteczne zarządzanie emocjami jest niezbędne do budowania zdrowych i satysfakcjonujących relacji. W tym rozdziale zbadamy znaczenie zarządzania emocjami i przedstawimy strategie skutecznego radzenia sobie z tym.

1. Świadomość emocjonalna.

Pierwszym etapem zarządzania emocjami jest rozwój świadomości emocjonalnej. Oznacza to umiejętność rozpoznawania i rozumienia emocji własnych i innych. Świadomość emocjonalna pozwala na bardziej przemyślane reagowanie na sytuacje emocjonalne.

2. Zrozumienie pochodzenia emocji.

Ważne jest, aby zbadać pochodzenie emocji. Często reakcje emocjonalne mają głębokie korzenie w przeszłych doświadczeniach lub osobistych oczekiwaniach. Zrozumienie tych źródeł może pomóc Ci lepiej zarządzać emocjami.

3. Skuteczna komunikacja emocjonalna.

Otwarte i pełne szacunku komunikowanie swoich emocji jest niezbędne do zarządzania emocjami w związkach. Wyrażanie uczuć w sposób jasny i pełen szacunku może zapobiec nieporozumieniom i pomóc w znalezieniu rozwiązań.

4. Empatia i zrozumienie emocji innych.

Równie ważne jest bycie empatycznym i próba zrozumienia emocji innych. Empatia może pomóc w nawiązaniu silniejszych więzi i radzeniu sobie z sytuacjami emocjonalnymi ze zrozumieniem.

5. Znajdź czas na refleksję.

Kiedy radzisz sobie z intensywnymi emocjami, pomocne może być poświęcenie czasu na przemyślenie, zanim zareagujesz. Może to zapobiec impulsywnym reakcjom i pozwolić ci wybrać bardziej przemyślaną reakcję.

6. Strategie zarządzania emocjami.

Istnieje wiele praktycznych strategii radzenia sobie z emocjami:

- Ćwiczenia: Aktywność fizyczna może pomóc rozładować stres i poprawić samopoczucie emocjonalne.
- Medytacja: Praktyki takie jak medytacja mogą pomóc rozwinąć świadomość emocjonalną i radzić sobie ze stresem.
- Relaks: Techniki relaksacyjne, takie jak głębokie oddychanie lub stopniowe rozluźnianie mięśni, mogą zmniejszyć niepokój i stres emocjonalny.
- Poradnictwo lub terapia: W niektórych sytuacjach pomocne może być zwrócenie się o wsparcie do specjalisty ds. zdrowia psychicznego, aby uporać się ze złożonymi emocjami i je przetworzyć.
7. Pracuj nad frustracją i irytacją.

W związkach mogą pojawić się emocje takie jak frustracja i irytacja. Nauczenie się rozpoznawania tych emocji i konstruktywnego zarządzania nimi jest niezbędne, aby uniknąć szkodliwych konfliktów.

8. Naucz się przebaczać.

Przebaczenie jest aktem zarządzania emocjami. Nauczenie się przebaczania innym i sobie może złagodzić ciężar negatywnych emocji i promować dobre samopoczucie emocjonalne.

Zarządzanie emocjami wymaga praktyki i świadomości. Praca nad tymi umiejętnościami może pomóc w stworzeniu bardziej stabilnych i satysfakcjonujących relacji, w których emocje są zarządzane w zdrowy i konstruktywny sposób. W następnym rozdziale omówimy strategie zapobiegania konfliktom i poprawy komunikacji w związkach.

Empatia i zrozumienie

Empatia i zrozumienie to dwie podstawowe cechy budowania zdrowych i głębokich relacji międzyludzkich. Zdolności te pozwalają łączyć się z innymi na głębszym poziomie, promując bliskość i solidarność. W tym rozdziale zbadamy znaczenie empatii i zrozumienia w związkach oraz podamy wskazówki, jak je rozwijać.

1. Empatia: Postaw się w sytuacji drugiej osoby.

Empatia to umiejętność postawienia się w sytuacji drugiej osoby, zrozumienia jej uczuć, myśli i punktu widzenia. Jest to akt zrozumienia i dzielenia się emocjami innych.

Oto kilka strategii rozwijania empatii:

- Aktywne słuchanie: Słuchaj uważnie, co mówi druga osoba, zwracając uwagę na jej uczucia i potrzeby.
- Zadawanie pytań empatycznych: Zadawaj pytania, które pokazują zainteresowanie uczuciami i doświadczeniami drugiej osoby. Na przykład: „Jak się czułeś, kiedy to się stało?"
- Odbicie emocji: Odzwierciedlaj to, co czułeś od drugiej osoby. Na przykład: „Wyglądasz na bardzo szczęśliwego/smutnego/zmartwionego z tego powodu".
- Wyobrażanie sobie perspektywy: Spróbuj wyobrazić sobie, jak druga osoba mogłaby się czuć w określonej sytuacji, w oparciu o jej doświadczenia i emocje.
2. Zrozumienie: pogłębianie wiedzy.

Zrozumienie to proces dowiadywania się więcej o drugiej osobie, zrozumienia jej osobowości, zainteresowań, doświadczeń życiowych i wyzwań.

Oto kilka strategii rozwijania zrozumienia:

- **Znaczące rozmowy:** Prowadź znaczące rozmowy, które wykraczają poza powierzchnię. Zapytaj drugą osobę o jej marzenia, pasje i doświadczenia życiowe.
- **Udostępnianie osobiste:** dziel się osobistymi aspektami swojego życia i doświadczeniami, aby stworzyć głębsze połączenie.
- **Ciągłe słuchanie:** Kontynuuj słuchanie i uczenie się od innych w miarę upływu czasu. Ludzie zmieniają się i rozwijają, a ich kontekst może ewoluować.
3. Korzyści z empatii i zrozumienia.

Rozwijanie empatii i zrozumienia przynosi szereg korzyści w relacjach międzyludzkich:

- **Zwiększaj więź:** Kiedy ludzie czują się rozumiani i empatycznie wspierani, rozwija się głębsze połączenie.
- **Zmniejsza konflikt:** Empatia może zapobiegać konfliktom lub je rozwiązywać, ponieważ ludzie są bardziej skłonni do współpracy, gdy czują się rozumiani.
- **Promuje zaufanie:** Empatia i zrozumienie pomagają budować wzajemne zaufanie w relacjach.
- **Popraw komunikację:** Kiedy ludzie się rozumieją, komunikacja staje się bardziej skuteczna i przejrzysta.
- **Wzmacnia związek:** Empatia i zrozumienie mogą sprawić, że relacje będą bardziej odporne i satysfakcjonujące.

Empatia i zrozumienie wymagają czasu, wysiłku i ciągłej praktyki. Jednak ich rozwój może prowadzić do bogatszych i bardziej satysfakcjonujących relacji. W następnym rozdziale przyjrzymy się strategiom utrzymywania zdrowych, długotrwałych relacji międzyludzkich.

RODZAJE RELACJI INTERPERSONALNYCH

53

Relacje rodzinne

Relacje rodzinne to jedne z najważniejszych i najtrwalszych relacji w życiu człowieka. Relacje te mogą być wypełnione miłością i wsparciem, ale mogą też być złożone i pełne wyzwań. W tym rozdziale zbadamy znaczenie relacji rodzinnych i podamy wskazówki, jak je pielęgnować w zdrowy i harmonijny sposób.

1. Znaczenie relacji rodzinnych.

Relacje rodzinne odgrywają kluczową rolę w życiu każdego człowieka. Często są to pierwsze relacje, których doświadczamy i mogą mieć głęboki wpływ na naszą tożsamość i dobrostan emocjonalny. Relacje rodzinne mogą obejmować rodziców, braci, siostry, dziadków, wujków, kuzynów i inne znaczące osobistości.

2. Otwarta komunikacja i empatia.

Otwarta i empatyczna komunikacja jest niezbędna w relacjach rodzinnych. Rodziny rozwijają się, gdy istnieje bezpieczna przestrzeń do wyrażania myśli i uczuć. Empatia jest szczególnie ważna, ponieważ umożliwia członkom rodziny wzajemne zrozumienie punktu widzenia i konstruktywne radzenie sobie z konfliktami.

3. Szacunek dla różnic.

Rodziny często składają się z osób o różnych osobowościach, opiniach i stylu życia. Szacunek dla różnic jest niezbędny, aby uniknąć konfliktów i promować harmonię w rodzinie. Nauczenie się szanowania wyborów i opinii innych może pomóc w utrzymaniu pozytywnych relacji.

4. Dzielenie się wyjątkowymi chwilami.

Rodziny czerpią korzyści z dzielenia się wyjątkowymi chwilami i tradycjami rodzinnymi. Te chwile mogą stworzyć trwałe więzi i szczęśliwe wspomnienia. Zajęcia takie jak rodzinne obiady, wspólne wakacje lub uroczystości świąteczne mogą wzmocnić więzi rodzinne.

5. Zarządzanie konfliktami rodzinnymi.

Konflikty rodzinne są nieuniknione, ale radzenie sobie z nimi jest niezbędne do utrzymania zdrowych relacji. Nauka konstruktywnego rozwiązywania konfliktów i unikania szkodliwej dynamiki ma kluczowe znaczenie dla stabilności rodziny.

6. Wspieranie dobrego samopoczucia rodziny.

Ważnym celem jest wspieranie dobrego samopoczucia fizycznego i emocjonalnego wszystkich członków rodziny. Może to obejmować dbanie o zdrowie psychiczne, promowanie zdrowego stylu życia i tworzenie pozytywnego środowiska rodzinnego.

7. Ustal zdrowe granice.

Ustalanie zdrowych granic jest kluczem do utrzymania pozytywnych relacji rodzinnych. Granice te mogą dotyczyć czasu spędzonego razem, oczekiwań i wzajemnego szacunku. Czasami musisz nauczyć się mówić „nie", aby chronić swoje dobro.

8. Przebaczenie i współczucie.

Rodziny mogą przeżywać trudne chwile, ale przebaczenie i współczucie mogą pomóc w leczeniu ran i wzmocnieniu więzi rodzinnych. Nauczenie się przebaczania i witania zmian jest ważne dla utrzymania trwałych relacji rodzinnych.

Relacje rodzinne wymagają ciągłego zaangażowania i poświęcenia, ale są ważnym wsparciem w życiu każdego człowieka. Pielęgnowanie zdrowych i pełnych miłości relacji rodzinnych może prowadzić do większego szczęścia i satysfakcji w codziennym życiu.

Ponadto pomocne może być zwrócenie się o wsparcie do doradcy lub terapeuty rodzinnego, gdy dynamika rodziny staje się złożona lub problematyczna.

Romantyczne relacje

Relacje romantyczne są dla wielu osób ważnym aspektem życia. Relacje te mogą przynieść miłość, intymność, wsparcie i rozwój osobisty, ale mogą też wiązać się z wyzwaniami i trudnościami. W tym rozdziale zbadamy dynamikę związków romantycznych i udzielimy porad, jak zbudować i utrzymać zdrowy i satysfakcjonujący związek romantyczny.

1. Otwarta i szczera komunikacja.

Komunikacja jest podstawą romantycznych związków. Ważne jest, aby być otwartym i szczerym wobec partnera na temat swoich uczuć, potrzeb i pragnień. Brak komunikacji może prowadzić do nieporozumień i rosnącego dystansu emocjonalnego.

2. Empatia i zrozumienie.

Empatia i zrozumienie są równie ważne w związku romantycznym. Zrozumienie uczuć i punktów widzenia partnera może wzmocnić więź emocjonalną i stworzyć głębsze połączenie.

3. Wzajemny szacunek i szacunek.

Wzajemny szacunek ma kluczowe znaczenie dla powodzenia romantycznego związku. Oznacza to traktowanie partnera z życzliwością, szacunkiem i szacunkiem. Unikanie sarkazmu, obrazy i obelg jest niezbędne do utrzymania atmosfery szacunku.

4. Intymność emocjonalna i fizyczna.

Intymność jest kluczowym elementem romantycznych relacji. Intymność emocjonalna obejmuje dzielenie się głębokimi uczuciami i osobistymi myślami, podczas gdy intymność fizyczna obejmuje gesty uczuć, uściski, pocałunki i stosunek seksualny. Obydwa są ważne w utrzymywaniu znaczącego połączenia.

5. Zarządzanie konfliktem.

Konflikty są powszechne we wszystkich związkach romantycznych. Niezbędna jest nauka konstruktywnego zarządzania konfliktami i unikania ewolucji w destrukcyjne kłótnie. Obejmuje to aktywne słuchanie, używanie „ja" zamiast „ty" podczas dyskusji i wspólne znajdowanie rozwiązań.

6. Zachowanie indywidualności.

Ważne jest, aby zachować swoją indywidualność w romantycznym związku. Nie trać z oczu swoich osobistych zainteresowań, celów i przyjaźni. Niezbędne jest zachowanie równowagi między życiem w parze a życiem indywidualnym.

7. Cele rozwoju osobistego i dzielenia się.

Romantyczne relacje mogą być okazją do rozwoju osobistego. Dzielenie się celami, marzeniami i planami na przyszłość ze swoim partnerem może wzmocnić relację i stworzyć poczucie wspólnego celu.

8. Czas na jakość i niespodzianki.

Inwestowanie wartościowego czasu w związek jest ważne. Może to obejmować regularne randki, romantyczne weekendy lub po prostu wieczorne wyjście. Co więcej, okazjonalna niespodzianka może podtrzymać romantyczną energię.

Romantyczne relacje wymagają zaangażowania, cierpliwości i ciągłej pracy. Ważne jest, aby pamiętać, że żaden związek nie jest idealny i po drodze pojawią się wyzwania. Jednakże dzięki otwartej komunikacji, wzajemnemu szacunkowi i zaangażowaniu w rozwój osobisty i wspólny możliwe jest zbudowanie i utrzymanie satysfakcjonującego i trwałego związku romantycznego.

Przyjazne stosunki

Przyjazne relacje są ważnym elementem w życiu każdego człowieka. Przyjaciele mogą zaoferować wsparcie emocjonalne, wspólne zainteresowania i chwile radości. Pielęgnowanie zdrowych i trwałych przyjaźni wymaga uwagi i zaangażowania. W tym rozdziale zbadamy znaczenie przyjaznych relacji i udzielimy porad, jak je rozwijać i utrzymywać.

1. Wartość przyjaznych relacji.

Przyjazne relacje są ważnym źródłem wsparcia emocjonalnego. Przyjaciele mogą dzielić się szczęśliwymi chwilami, udzielać rad, empatycznie słuchać i pomagać w trudnych chwilach. Relacje te mogą przyczynić się do dobrego samopoczucia emocjonalnego i ogólnego szczęścia.

2. Budowanie nowych przyjaźni.

Budowanie nowych przyjaźni może być satysfakcjonującym procesem. W tym celu warto uczestniczyć w wydarzeniach i zajęciach społecznych, odwiedzać miejsca, w których można spotkać ludzi o podobnych zainteresowaniach i podejmować wysiłki nawiązywania kontaktów z nowymi ludźmi.

3. Utrzymuj istniejące relacje.

Utrzymanie istniejących przyjaznych relacji wymaga wysiłku. Ważne jest, aby starać się utrzymywać kontakt z przyjaciółmi, spędzać razem czas i okazywać wdzięczność za ich obecność w swoim życiu.

4. Otwarta komunikacja.

Otwarta komunikacja jest niezbędna w przyjaznych relacjach. Otwarte i szczere dzielenie się myślami, uczuciami i doświadczeniami buduje fundament wzajemnego zaufania. Aktywne słuchanie jest równie ważne; prawdziwe słuchanie, co mówią przyjaciele i okazywanie empatii może wzmocnić więź.

5. Wzajemny szacunek i zrozumienie.

W przyjaźni niezbędny jest wzajemny szacunek. Szacunek dla opinii przyjaciół, granic i różnic osobistych jest niezbędny do utrzymania zdrowego związku. Równie ważna jest także próba zrozumienia punktu widzenia drugiej osoby i okazanie empatii.

6. Dzielenie się zainteresowaniami i działaniami.

Dzielenie się wspólnymi zainteresowaniami i zajęciami to doskonały sposób na wzmocnienie przyjaznych relacji. Wspólne uprawianie hobby, sportu lub innych zajęć może zacieśnić więzi.

7. Być dobrym przyjacielem.

Aby utrzymać pozytywne przyjazne relacje, ważne jest, aby być dobrym przyjacielem. Oznacza to bycie dostępnym dla przyjaciół, gdy potrzebują wsparcia, bycie niezawodnym oraz szanowanie ich potrzeb i granic.

8. Stawianie czoła wyzwaniom.

Nawet przyjaźń może stawić czoła wyzwaniom i konfliktom. Otwarte i pełne szacunku podejście do tych wyzwań może pomóc w rozwiązaniu problemów i wzmocnieniu relacji.

Przyjazne relacje mogą być źródłem radości i wsparcia w życiu każdego człowieka. Pielęgnowanie przyjaznych relacji wymaga wysiłku, zrozumienia i czasu. Jednak wsparcie emocjonalne i znaczące więzi, które można zdobyć dzięki przyjaźniom, są często cenną inwestycją w ogólne samopoczucie.

Relacje zawodowe

Relacje zawodowe odgrywają znaczącą rolę w naszym życiu zawodowym i mogą mieć bezpośredni wpływ na sukces zawodowy i satysfakcję. Kultywowanie i zarządzanie skutecznymi relacjami zawodowymi ma kluczowe znaczenie dla rozwoju kariery i tworzenia pozytywnego środowiska pracy. W tym rozdziale zbadamy znaczenie relacji zawodowych i podamy wskazówki, jak je rozwijać.

1. Znaczenie relacji zawodowych.

Relacje zawodowe są niezbędne w każdym środowisku pracy. Mogą mieć wpływ na produktywność, dobre samopoczucie emocjonalne i rozwój zawodowy. Opierają się na współpracy, efektywnej komunikacji i umiejętności pracy w zespole.

2. Efektywna komunikacja.

Skuteczna komunikacja jest niezbędna w relacjach zawodowych. Obejmuje to umiejętność jasnego wyrażania swoich pomysłów, uważnego słuchania innych i konstruktywnego reagowania na krytykę. Otwarta i szczera komunikacja tworzy pozytywne środowisko pracy.

3. Budowanie sieci kontaktów.

Utworzenie sieci kontaktów zawodowych jest ważne dla rozwoju kariery. Uczestnictwo w wydarzeniach branżowych, konferencjach lub seminariach może pomóc w nawiązaniu wartościowych kontaktów. Ponadto korzystanie z profesjonalnych mediów społecznościowych, takich jak LinkedIn, może ułatwić kontakt ze współpracownikami i specjalistami z Twojej branży.

4. Współpraca i praca zespołowa.

Umiejętność współpracy i pracy w zespole jest podstawowym aspektem relacji zawodowych. Bycie otwartym na różne perspektywy i przyczynianie się do wspólnego sukcesu ma kluczowe znaczenie dla skutecznej współpracy.

5. Profesjonalne zarządzanie konfliktem.

Konflikty mogą pojawić się w środowisku zawodowym, ale ważne jest, aby zarządzać nimi w sposób konstruktywny. Nauczenie się rozwiązywania konfliktów z szacunkiem i znajdowania rozwiązań satysfakcjonujących obie strony to cenna umiejętność.

6. Szacunek i profesjonalizm.

W relacjach zawodowych niezbędny jest wzajemny szacunek. Traktowanie współpracowników, przełożonych i współpracowników z uprzejmością, szacunkiem i profesjonalizmem tworzy pozytywne środowisko pracy.

7. Profesjonaly rozwój.

Relacje zawodowe mogą przyczynić się do Twojego rozwoju zawodowego. Szukanie informacji zwrotnych, uczenie się od bardziej doświadczonych rówieśników i poszukiwanie mentorów to sposoby na doskonalenie swoich umiejętności i rozwój kariery.

8. Zachowaj równowagę pomiędzy pracą a życiem osobistym.

Utrzymanie równowagi między życiem zawodowym a prywatnym ma kluczowe znaczenie dla Twojego zdrowia i dobrego samopoczucia. Upewnij się, że poświęcasz niezbędny czas poza pracą, aby uniknąć wypalenia zawodowego i zachować relacje osobiste.

Relacje zawodowe są kluczowym aspektem życia zawodowego i mogą mieć wpływ na Twój sukces zawodowy i szczęście.

Ich kultywowanie wymaga zaangażowania i ciągłej uwagi, ale może prowadzić do satysfakcjonujących możliwości kariery i pozytywnego środowiska pracy.

Wirtualne relacje

We współczesnym świecie relacje wirtualne stają się coraz bardziej powszechne. Technologia pozwala nam łączyć się z ludźmi na całym świecie, zarówno w celach osobistych, jak i zawodowych. W tym rozdziale zbadamy znaczenie relacji wirtualnych i udzielimy porad, jak skutecznie nimi zarządzać.

1. Znaczenie relacji wirtualnych.

Wirtualne relacje mogą być tak samo znaczące, jak relacje twarzą w twarz. Mogą obejmować przyjaźnie internetowe, romantyczne relacje na odległość, partnerstwa biznesowe na odległość i wiele więcej. Wirtualne relacje mogą oferować wyjątkowe wsparcie, połączenie i możliwości.

2. Skuteczna komunikacja w Internecie.

Komunikacja online jest niezbędna w relacjach wirtualnych. Korzystaj z odpowiednich narzędzi komunikacji, takich jak e-mail, czat, rozmowy wideo lub platformy mediów społecznościowych. Upewnij się, że Twoja komunikacja jest jasna i pełna szacunku, ponieważ brak sygnałów niewerbalnych może prowadzić do nieporozumień.

3. Wyznaczanie i utrzymywanie granic.

Wirtualne relacje mogą być intensywne, dlatego ważne jest ustanowienie i utrzymanie zdrowych granic. Szanuj swój osobisty czas i przestrzeń i upewnij się, że inni robią to samo.

4. Autentyczność i uczciwość.

Bądź autentyczny i szczery w swoich wirtualnych relacjach. Nie próbuj być kimś, kim nie jesteś, ponieważ szczerość jest niezbędna do budowania zaufania w Internecie.

5. Bezpieczeństwo w Internecie.

Chroń swoje bezpieczeństwo w Internecie. Używaj silnych haseł, unikaj udostępniania poufnych danych osobowych nieznajomym i uważaj na oszustwa internetowe.

6. Rozwój osobisty.

Relacje wirtualne mogą oferować możliwości rozwoju osobistego. Możesz uczyć się od ludzi z różnych środowisk oraz zdobywać nowe perspektywy kulturowe i doświadczenia.

7. Wirtualne zarządzanie konfliktami.

Konflikty mogą pojawiać się także w relacjach wirtualnych. Naucz się radzić sobie z nimi konstruktywnie, stosując otwartą i pełną szacunku komunikację.

8. Tworzenie znaczących połączeń.

Spróbuj nawiązać znaczące połączenia w swoich wirtualnych relacjach. Aktywnie uczestnicz w rozmowach, dziel wspólne zainteresowania i poświęć czas na lepsze poznanie ludzi.

Wirtualne relacje oferują wyjątkowe możliwości łączenia się z ludźmi na całym świecie, ale wymagają uwagi i uważnego zarządzania. Mogą wzbogacić Twoje życie i sieć społecznościową, ale ważne jest, aby były zdrowe i zrównoważone. Dzięki właściwej komunikacji i autentycznemu podejściu wirtualne relacje mogą być satysfakcjonujące i znaczące.

RELACJE INTERPERSONALNE W KONKRETNYCH SYTUACJACH

Relacje w pracy

Relacje w pracy są kluczowym elementem Twojego życia zawodowego. W pracy spędzamy większość czasu, a jakość relacji ze współpracownikami, przełożonymi i współpracownikami może bezpośrednio wpłynąć na nasze szczęście i sukces zawodowy. W tym rozdziale przyjrzymy się znaczeniu relacji w pracy i udzielimy porad, jak skutecznie nimi zarządzać.

1. Znaczenie relacji w pracy.

Relacje w pracy są niezbędne dla zdrowego i produktywnego środowiska pracy. Mogą wpływać na poziom satysfakcji z pracy, rozwój kariery i ogólne szczęście.

2. Efektywna komunikacja.

Komunikacja jest kluczowa w relacjach w pracy. Niezależnie od tego, czy współpracujesz ze współpracownikami, raportujesz przełożonym, czy zarządzasz współpracownikami, ważne jest, aby komunikować się jasno i skutecznie. Aktywne słuchanie jest tak samo ważne, jak umiejętność wyrażania pomysłów i opinii.

3. Szacunek i profesjonalizm.

W relacjach w pracy niezbędny jest wzajemny szacunek i profesjonalizm. Traktuj współpracowników z uprzejmością i szacunkiem, szanuj opinie innych i twórz pozytywne środowisko pracy.

4. Praca zespołowa i współpraca.

Umiejętność pracy w zespole i współpracy z innymi jest kluczowa w wielu środowiskach pracy. Bądź otwarty na pomysły innych, dziel się wiedzą i doświadczeniem oraz przyczyniaj się do wspólnego sukcesu.

5. Zarządzanie konfliktem.

Konflikty mogą pojawić się w sferze zawodowej. Naucz się radzić sobie z nimi konstruktywnie, szukając rozwiązań satysfakcjonujących obie strony i unikając szkodliwych sporów.

6. Profesjonalne sieciowanie.

Budowanie sieci kontaktów zawodowych jest ważnym aspektem rozwoju Twojej kariery. Weź udział w wydarzeniach branżowych, konferencjach lub seminariach i spróbuj nawiązać kontakty przydatne w Twojej dziedzinie pracy.

7. Profesjonaly rozwój.

Relacje w pracy mogą mieć wpływ na rozwój Twojej kariery. Proś o opinie współpracowników i przełożonych, szukaj mentora i dziel się wiedzą, aby doskonalić swoje umiejętności i rozwijać swoją karierę.

8. Równowaga pomiędzy pracą i życiem osobistym.

Utrzymanie zdrowej równowagi między pracą a życiem osobistym ma kluczowe znaczenie dla zdrowia i dobrego samopoczucia. Znajdź czas na życie poza pracą, aby zapobiec wypaleniu zawodowemu i zachować relacje osobiste.

Relacje w pracy mogą mieć znaczący wpływ na Twoje życie zawodowe i osobiste. Ich kultywowanie wymaga zaangażowania i ciągłej uwagi, ale może prowadzić do satysfakcjonujących możliwości kariery i pozytywnego środowiska pracy.

Relacje społeczne

Relacje społeczne są istotnym elementem dobrobytu i spójności społeczeństwa. Społeczność to miejsce, w którym żyjemy, pracujemy i dzielimy się zasobami z innymi. Pielęgnowanie pozytywnych relacji jest niezbędne w celu poprawy jakości życia i promowania zdrowej i wspierającej społeczności. W tym rozdziale zbadamy znaczenie relacji społecznych i podamy wskazówki, jak je skutecznie rozwijać.

1. Znaczenie relacji we wspólnocie.

Relacje społeczne przyczyniają się do poczucia przynależności i jakości życia w Twojej okolicy zamieszkania. Mogą poprawić bezpieczeństwo członków społeczności, współpracę i ogólne szczęście.

2. Aktywne zaangażowanie.

Aktywne uczestnictwo w społeczności to skuteczny sposób na budowanie pozytywnych relacji. Dołącz do wydarzeń społecznościowych, działań wolontariackich i grup lokalnych, aby poznać ludzi o podobnych zainteresowaniach.

3. Komunikacja i słuchanie.

Otwarta komunikacja i dobre słuchanie są kluczowe w relacjach społecznych. Naucz się z szacunkiem dzielić swoimi pomysłami i opiniami oraz zwracać uwagę na potrzeby i perspektywy innych.

4. Współpraca i projekty społecznościowe.

Współpraca z innymi członkami społeczności nad wspólnymi projektami lub inicjatywami może wzmocnić relacje i ulepszyć społeczność jako całość. Wspólna praca nad projektami może stworzyć poczucie celu i wspólnego osiągnięcia.

5. Szacunek dla różnorodności.

Społeczności często składają się z ludzi o różnym pochodzeniu, kulturze i doświadczeniach. Szacunek dla różnorodności ma kluczowe znaczenie dla uniknięcia konfliktów i promowania włączenia społecznego.

6. Sprostanie wyzwaniom społeczności.

Każda społeczność stoi przed specyficznymi wyzwaniami. Współpraca z innymi w celu sprostania tym wyzwaniom, takim jak bezpieczeństwo, kwestie środowiskowe lub społeczne, może wzmocnić tkankę społeczną społeczności.

7. Wsparcie dla członków znajdujących się w trudnej sytuacji.

Oferowanie wsparcia najsłabszym członkom społeczności jest aktem współczucia i solidarności. Może to obejmować opiekę nad osobami starszymi, dziećmi lub osobami o specjalnych potrzebach.

8. Edukacja i świadomość.

Edukacja społeczna i działania informacyjne mogą pomóc w głębszym zrozumieniu wyzwań i możliwości w Twojej okolicy. Organizuj wydarzenia edukacyjne lub bierz udział w inicjatywach uświadamiających, aby aktywnie angażować członków społeczności.

Relacje społeczne są niezbędne do budowania spójnego i wspierającego się społeczeństwa. Ich kultywowanie wymaga wysiłku i aktywnego uczestnictwa, ale może prowadzić do lepszej jakości życia Ciebie i innych członków Twojej społeczności.

Relacje w szkole

Relacje w szkołach mają kluczowe znaczenie dla powodzenia i dobrego samopoczucia uczniów, nauczycieli i personelu szkoły. Szkoła, w której relacje są pozytywne i wspierające, tworzy bardziej efektywne i satysfakcjonujące środowisko uczenia się. W tym rozdziale zbadamy znaczenie relacji w szkole i przedstawimy sugestie, jak skutecznie je rozwijać.

1. Znaczenie relacji w szkole.

Relacje w szkole mają kluczowe znaczenie dla wzrostu i rozwoju uczniów. Mogą wpływać na sukcesy w nauce, dobre samopoczucie emocjonalne i trening umiejętności społecznych.

2. Relacje pomiędzy uczniami i nauczycielami.

Relacje pomiędzy uczniami i nauczycielami są istotnym elementem doświadczenia szkolnego. Nauczyciele mogą mieć trwały wpływ na życie uczniów, oferując wsparcie, inspirację i wskazówki. Z drugiej strony uczniowie mogą uczyć się od nauczycieli-ekspertów i korzystać z ich doświadczenia.

3. Relacje pomiędzy uczniami i rówieśnikami.

Równie ważne są relacje między uczniami i rówieśnikami. Uczniowie rozwijają umiejętności społeczne, empatię i wzajemne wsparcie poprzez przyjaźnie i interakcje z innymi uczniami.

4. Komunikacja i aktywne słuchanie.

Otwarta komunikacja i aktywne słuchanie mają fundamentalne znaczenie w relacjach szkolnych. Nauczyciele muszą umieć skutecznie komunikować się z uczniami, słuchać ich potrzeb i odpowiadać na ich pytania. Podobnie uczniowie powinni nauczyć się komunikować z nauczycielami i kolegami z klasy w sposób jasny i pełen szacunku.

5. Budowanie wspierających relacji.

Nauczyciele i pracownicy szkoły powinni pracować nad budowaniem opartych na wsparciu relacji z uczniami. Może to obejmować oferowanie dodatkowej pomocy uczniom mającym trudności, docenianie ich sukcesów oraz tworzenie włączającego i przyjaznego środowiska w klasie.

6. Rozwiązywać konflikty.

Konflikty mogą pojawiać się w środowisku szkolnym. Nauczanie uczniów, jak konstruktywnie rozwiązywać konflikty, jest ważnym aspektem edukacji społecznej i emocjonalnej.

7. Rozwój osobisty i rozwój umiejętności społecznych.

Relacje w szkole przyczyniają się do rozwoju osobistego uczniów i rozwoju ich umiejętności społecznych. Uczenie się współpracy, komunikowania się i interakcji z innymi jest kluczowym aspektem edukacji.

8. Zaangażowanie rodziców.

Równie ważne jest angażowanie rodziców w relacje szkolne. Nauczyciele i pracownicy szkoły mogą współpracować z rodzicami, aby wspierać uczniów i stawiać czoła wyzwaniom edukacyjnym.

Relacje w szkole mogą mieć trwały wpływ na życie uczniów. Ich kultywowanie wymaga zaangażowania ze strony nauczycieli, pracowników szkoły, uczniów i rodziców. Środowisko szkolne oparte na pozytywnych relacjach może poprawić proces uczenia się i dobrostan wszystkich zaangażowanych osób.

Relacje w sytuacjach konfliktowych

Sytuacje konfliktowe są w życiu nieuniknione i mogą pojawić się w relacjach osobistych, zawodowych, rodzinnych i społecznych. Nauka zarządzania relacjami podczas konfliktu jest kluczową umiejętnością promującą wzajemne zrozumienie i konstruktywne rozwiązywanie problemów. W tym rozdziale zbadamy, jak podejść do relacji w sytuacjach konfliktowych i udzielimy porad, jak skutecznie nimi zarządzać.

1. Zrozumienie przyczyn konfliktów.

Pierwszym kluczem do zarządzania konfliktem jest zrozumienie jego przyczyn. Zidentyfikowanie przyczyn konfliktu może pomóc w znalezieniu odpowiednich rozwiązań i zapobiec jego powtórzeniu się w przyszłości.

2. Otwarta i empatyczna komunikacja.

Komunikacja jest niezbędna podczas konfliktu. Rozmawiaj z innymi zaangażowanymi osobami w sposób otwarty, szczery i empatyczny. Spróbuj zrozumieć ich punkt widzenia i uczucia oraz podziel się swoimi przemyśleniami w sposób jasny i pełen szacunku.

3. Aktywne słuchanie.

Aktywne słuchanie jest kluczowym elementem komunikacji podczas konfliktu. Skoncentruj się na prawdziwym słuchaniu tego, co mówi druga osoba, bez przerywania i oceniania. Zadawaj pytania, aby wyjaśnić i okazać empatię.

4. Obustronne uznanie.

Wzajemny szacunek jest kluczowy podczas konfliktu. Traktuj innych z uprzejmością i szacunkiem, nawet jeśli się z nimi nie zgadzasz. Unikaj wulgarnego języka i agresywnego zachowania.

5. Szukaj wspólnych rozwiązań.

Głównym celem podczas konfliktu powinno być znalezienie wspólnych rozwiązań, które satysfakcjonują obie strony. Zamiast próbować „wygrać" konflikt, pracuj nad znalezieniem wspólnej płaszczyzny porozumienia, która może doprowadzić do pozytywnego rozwiązania.

6. Zaangażuj Mediatora.

W szczególnie złożonych sytuacjach konfliktowych pomocne może być zaangażowanie neutralnego mediatora. Mediator może ułatwić komunikację między stronami i pomóc w znalezieniu akceptowalnych rozwiązań.

7. Ucz się z sytuacji.

Po rozwiązaniu konfliktu zastanów się nad sytuacją i wyciągnij z niej wnioski. Zastanów się, czego się nauczyłeś i jak możesz inaczej podejść do podobnych sytuacji w przyszłości.

8. Przebaczenie i współczucie.

W niektórych sytuacjach przebaczenie i współczucie mogą być ważnymi elementami rozwiązywania konfliktów. Przebaczenie może pomóc uwolnić się od skarg i przywrócić relacje.

Sytuacje konfliktowe są w życiu nieuniknione, ale Twoja reakcja na nie może mieć ogromne znaczenie. Nauka konstruktywnego radzenia sobie z relacjami podczas konfliktu może prowadzić do głębszego wzajemnego zrozumienia i silniejszych relacji na dłuższą metę.

Relacje w sytuacjach wielokulturowych

Relacje w sytuacjach wielokulturowych oferują wyjątkowe możliwości i ciekawe wyzwania. W tym rozdziale omówiono, jak skutecznie kierować dynamiką relacji, jeśli chodzi o różnorodność kulturową.

1. Świadomość kulturowa:
- Pierwszym kluczem do radzenia sobie z sytuacjami wielokulturowymi jest rozwinięcie świadomości kulturowej.
- Naucz się rozpoznawać własne przekonania kulturowe i bądź otwarty na różnorodność.
2. Szacunek i tolerancja:
- Okazuj szacunek dla różnych kultur, unikając stereotypów i uprzedzeń.
- Bądź otwarty na dialog i zrozumienie różnych perspektyw kulturowych.
3. Komunikacja międzykulturowa:
- Różnice kulturowe mogą wpływać na komunikację.
- Bądź świadomy różnic w języku, gestach i etykiecie w zależności od kultury.
4. Empatia międzykulturowa:
- Spróbuj zrozumieć doświadczenia i wyzwania innych osób w różnych kulturach.
- Empatia międzykulturowa tworzy silniejsze więzi i wzajemne zrozumienie.
5. Adaptacyjność kulturowa:
- Rozwijaj umiejętność przystosowania się do różnych sytuacji kulturowych i stylów komunikacji.
- Kluczem jest bycie elastycznym i otwartym na zmiany.
6. Pokonywanie barier językowych:

- Różnice językowe mogą stanowić barierę w komunikacji.
- Zainwestuj w doskonalenie swoich umiejętności językowych lub poszukaj kreatywnych sposobów na pokonanie tego wyzwania.

7. Konflikty kulturowe:

- Niezrozumienie norm kulturowych może prowadzić do konfliktów.
- Bądź gotowy do dyskusji i rozwiązywania wszelkich konfliktów w sposób otwarty i pełen szacunku.

8. Pozytywne relacje międzyludzkie:

- Relacje wielokulturowe mogą być niezwykle wzbogacające.
- Bądź otwarty na nowe przyjaźnie i połączenia, które obejmują różnorodność.

9. Przywództwo w sytuacjach wielokulturowych:

- Jeśli jesteś liderem, naucz się skutecznie zarządzać wielokulturowymi zespołami.
- Wspieraj włączające środowisko pracy, w którym szanuje się różnice.

10. Kontynuować edukację:

- Świadomość kulturowa jest procesem ciągłym.
- Kontynuuj zdobywanie wiedzy na temat różnych kultur i staraj się stale doskonalić swoje umiejętności interpersonalne w sytuacjach wielokulturowych.

Radzenie sobie z relacjami w sytuacjach wielokulturowych wymaga ciągłego zaangażowania w naukę i zrozumienie. Jednak te relacje mogą znacznie wzbogacić Twoje życie i zapewnić możliwości znaczącego rozwoju osobistego i zawodowego.

Bądź otwarty, pełen szacunku i ciekawy, poruszając się po tym fascynującym świecie różnorodności kulturowej w relacjach międzyludzkich.

SAMOOCENA I SAMOTROSKA W RELACJACH

Znaczenie poczucia własnej wartości

Poczucie własnej wartości jest podstawowym aspektem zdrowia psychicznego i dobrego samopoczucia osobistego. Wpływa na Twoją zdolność do podejmowania wyzwań, budowania pozytywnych relacji i osiągania celów. W tym rozdziale zbadamy, jak ważne jest poczucie własnej wartości i jak je pielęgnować, aby prowadzić bardziej satysfakcjonujące i satysfakcjonujące życie.

1. Definicja poczucia własnej wartości.

Poczucie własnej wartości to subiektywna ocena samej siebie. Chodzi o to, jak siebie postrzegasz, jak bardzo siebie cenisz i jak bardzo wierzysz w swoje umiejętności i wartość.

2. Znaczenie poczucia własnej wartości.

Poczucie własnej wartości ma kluczowe znaczenie w różnych aspektach życia:

- Poczucie własnej wartości i dobre samopoczucie emocjonalne: Pozytywna samoocena koreluje z lepszym zdrowiem psychicznym. Pomaga skuteczniej radzić sobie ze stresem, lękiem i depresją.
- Poczucie własnej wartości i relacje: Poczucie własnej wartości wpływa na Twoje relacje z innymi. Dobra samoocena pozwala budować zdrowsze relacje oparte na wzajemnym zaufaniu.
- Poczucie własnej wartości i sukces: Wiara w siebie jest niezbędna do osiągnięcia celów osobistych i zawodowych. Pozytywna samoocena motywuje Cię do podejmowania wyzwań i pokonywania przeszkód.

- Poczucie własnej wartości i zdrowie fizyczne: Poczucie własnej wartości może również wpływać na zdrowie fizyczne. Osoby z pozytywną samooceną zazwyczaj lepiej dbają o swoje ciało.

3. Pielęgnuj pozytywne poczucie własnej wartości.

Oto kilka strategii kultywowania pozytywnej samooceny:

- Samoakceptacja: Zaakceptuj siebie takim, jakim jesteś, ze swoimi mocnymi i słabymi stronami. Nikt nie jest doskonały, a zaakceptowanie swoich ograniczeń jest ważnym krokiem w stronę poczucia własnej wartości.

- Wyzwania osobiste: rzucaj sobie wyzwania i sprawdzaj się w sytuacjach, które wypychają Cię poza strefę komfortu. Pokonanie tych wyzwań może zwiększyć Twoją pewność siebie.

- Realistyczne cele: wyznaczaj realistyczne i osiągalne cele. Sukcesy w małych wyzwaniach mogą pomóc w budowaniu poczucia własnej wartości.

- Dbanie o siebie: Zadbaj o swoje ciało i umysł. Ćwiczenia, zbilansowana dieta i odpowiedni odpoczynek mogą pozytywnie wpłynąć na samoocenę.

- Pozytywna komunikacja: Mów do siebie w pozytywny sposób. Zastąp negatywne myśli bardziej konstruktywnymi i pełnymi współczucia myślami.

- Radzenie sobie z krytyką: Naucz się konstruktywnie radzić sobie z krytyką, nie pozwalając, aby Cię przygnębiała. Słuchaj krytyki i staraj się wyciągać z niej wnioski.

- Docenianie osiągnięć: Świętuj swoje sukcesy, nawet te najmniejsze. Uznanie swoich osiągnięć może zwiększyć poczucie własnej wartości.

Pozytywna samoocena to cenny dar, który możesz sobie podarować. Przyczynia się do dobrego samopoczucia emocjonalnego, relacji i osobistego sukcesu. Zainwestuj czas i energię w jego rozwój, a odkryjesz pozytywny wpływ na całe Twoje życie.

Pracuj nad poczuciem własnej wartości

Praca nad poczuciem własnej wartości to ciągły proces, który wymaga zaangażowania i autorefleksji. Dobra samoocena może poprawić Twoje życie na wiele sposobów, przyczyniając się do dobrego samopoczucia emocjonalnego, relacji i osobistego sukcesu. W tym rozdziale dowiemy się, jak skutecznie pracować nad poczuciem własnej wartości.

1. Samoakceptacja i samoświadomość.

Pierwszym krokiem do poprawy poczucia własnej wartości jest rozwinięcie samoakceptacji i samoświadomości. Zaakceptuj siebie takim, jakim jesteś, ze swoimi mocnymi i słabymi stronami. Znaj swoje mocne i słabe strony i bądź gotowy do pracy nad nimi.

2. Doceniaj swoje osiągnięcia.

Zrób listę swoich sukcesów, nawet tych najmniejszych. Uznanie swoich osiągnięć pomoże Ci rozwinąć bardziej pozytywny obraz siebie.

3. Ucz się na krytyce.

Radź sobie konstruktywnie z krytyką. Posłuchaj, co mają do powiedzenia inni i zobacz, czy są obszary, w których możesz ulepszyć. Pamiętaj, że krytyka nie definiuje całej Twojej tożsamości.

4. Wyznaczaj realistyczne cele.

Wyznaczaj realistyczne i osiągalne cele. Sukcesy w małych wyzwaniach mogą zwiększyć Twoją pewność siebie i wzmocnić poczucie własnej wartości.

5. Pozytywna komunikacja ze sobą.

Zastąp negatywne myśli bardziej pozytywnymi, pełnymi współczucia myślami. Unikaj samokrytyki i zastąp ją współczuciem dla siebie.

6. Wyzwania osobiste.

Sprawdź się w sytuacjach, które wypychają Cię poza strefę komfortu. Pokonanie tych wyzwań może zwiększyć Twoją pewność siebie.

7. Dbanie o zdrowie: samoopieka.

Zadbaj o swoje ciało i umysł. Ćwiczenia, zbilansowana dieta i odpowiedni odpoczynek mogą pozytywnie wpłynąć na poczucie własnej wartości.

8. Unikaj perfekcjonizmu.

Unikaj szukania doskonałości. Nikt nie jest doskonały, a oczekiwanie doskonałości może podważyć Twoją samoocenę. Akceptuj swoje błędy i ucz się na nich.

9. Wyszukaj wsparcie.

Jeśli zmagasz się z poczuciem własnej wartości, porozmawiaj z zaufanymi przyjaciółmi lub terapeutą. Wsparcie społeczne może być nieocenione na Twojej drodze rozwoju osobistego.

10. Świętuj swoje sukcesy.

Świętuj swoje sukcesy, nawet te najmniejsze. Uznanie swoich osiągnięć może zwiększyć poczucie własnej wartości.

Praca nad poczuciem własnej wartości jest inwestycją w zdrowie psychiczne i ogólne samopoczucie. Będzie to wymagało czasu i wysiłku, ale wyniki będą bezcenne.

Dobra samoocena pomoże Ci pokonać wyzwania, poprawić relacje i osiągnąć swój potencjał osobisty i zawodowy.

Dbanie o siebie w związkach

Dbanie o siebie jest niezbędnym elementem utrzymywania zdrowych i satysfakcjonujących relacji. Zanim będziesz mógł skutecznie pielęgnować relacje z innymi, musisz odpowiednio o siebie zadbać. W tym rozdziale zbadamy znaczenie dbania o siebie w związkach i pokażemy, jak możesz to praktykować.

1. Dbanie o siebie jako podstawa.

Dbanie o siebie jest podstawą, na której buduje się zdrowe relacje. Kiedy dbasz o siebie, jesteś w stanie dać innym więcej w zdrowy i zrównoważony sposób.

2. Słuchaj swoich potrzeb emocjonalnych.

Słuchaj swoich potrzeb emocjonalnych i upewnij się, że je zaspokajasz. Uznaj swoje uczucia i poszukaj sposobów radzenia sobie z nimi w zdrowy sposób, który nie zaszkodzi Twoim relacjom.

3. Naucz się planować czas dla siebie.

Zaplanuj czas dla siebie. Znajdź chwile na relaks, autorefleksję i troskę o siebie, nawet jeśli są to krótkie przerwy w ciągu dnia.

4. Ustalaj limity i egzekwuj swoje granice.

Wyznaczaj granice w swoich relacjach i dbaj o ich przestrzeganie. Nie wahaj się powiedzieć „nie", gdy jest to konieczne w trosce o Twoje dobro.

5. Utrzymuj osobiste zainteresowania i aktywność.

Kontynuuj realizację swoich osobistych zainteresowań i dążeń. Nie poświęcaj całkowicie swojej tożsamości dla relacji.

Pielęgnowanie swoich pasji może wzbogacić Twoje życie i sprawić, że będziesz bardziej interesującą osobą dla innych.

6. Otwarta i szczera komunikacja.

Komunikuj swoje potrzeby i uczucia otwarcie, jasno i szczerze. Zdrowe relacje opierają się na komunikacji.

7. Zadbaj o swoje zdrowie fizyczne i psychiczne.

Zadbaj o swoje zdrowie fizyczne i psychiczne. Regularne ćwiczenia, zbilansowana dieta i dostęp do wsparcia psychologicznego, jeśli to konieczne, mogą przyczynić się do ogólnego dobrego samopoczucia.

8. Pracuj nad poczuciem własnej wartości.

Poprawa poczucia własnej wartości jest ważnym aspektem dbania o siebie. Naucz się kochać siebie i wierzyć w swoją osobistą wartość.

9. Szukaj wsparcia u przyjaciół i profesjonalistów.

Jeśli zmagasz się z problemami związanymi z samoopieką lub problemami emocjonalnymi, poszukaj wsparcia u zaufanych przyjaciół lub specjalistów w dziedzinie zdrowia psychicznego. Nie wahaj się poprosić o pomoc, gdy jej potrzebujesz.

10. Promuj swój rozwój osobisty.

Promuj swój rozwój osobisty poprzez czytanie, szkolenia lub zdobywanie nowych umiejętności. Rozwój osobisty może zwiększyć Twoją samoocenę i wzbogacić Twoje relacje.

Dbanie o siebie to inwestycja w swoje szczęście i zdrowie swoich relacji. Kiedy dbasz o siebie, jesteś w stanie zaoferować innym to, co najlepsze i przyczynić się do silniejszych, bardziej satysfakcjonujących relacji.

Zachowaj równowagę pomiędzy dawaniem i otrzymywaniem

Jednym z największych wyzwań w związkach jest utrzymanie zdrowej równowagi pomiędzy dawaniem i otrzymywaniem. Zbyt często jedna część związku może czuć się przeciążona lub zaniedbana, jeśli równowaga zostanie zachwiana. W tym rozdziale zbadamy, jak ważne jest znalezienie i utrzymanie równowagi w związkach.

1. Zrozumienie koncepcji dawania i otrzymywania.

W związkach „dawanie" oznacza oferowanie drugiej osobie wsparcia emocjonalnego, czasu, uwagi i zasobów. „Przyjmowanie" oznacza przyjmowanie wsparcia i pomocy od innych. Obydwa aspekty są niezbędne do utrzymania zdrowych relacji.

2. Rozpoznawanie oznak braku równowagi.

Pierwszym krokiem do utrzymania równowagi jest zwrócenie uwagi na oznaki wskazujące na brak równowagi. Mogą one obejmować poczucie wyzysku, urazy lub wypalenia zawodowego.

3. Otwarta komunikacja.

Otwarta komunikacja jest kluczem do rozwiązania problemów związanych z równowagą w związku. Porozmawiaj z drugą osobą o swoich uczuciach i potrzebach. Wysłuchaj także ich obaw i potrzeb.

4. Ustaw jasne granice.

Ustal jasne granice w związku. Mogą one dotyczyć czasu, energii lub zasobów, które chcesz zainwestować. Szanuj swoje granice i dbaj o to, by były szanowane przez innych.

5. Poszukaj równowagi w różnych sferach związku.

Równowaga pomiędzy dawaniem i otrzymywaniem może być różna w różnych sferach związku. Na przykład w niektórych sytuacjach możesz być głównym emocjonalnym wsparciem, podczas gdy w innych możesz być osobą otrzymującą wsparcie.

6. Pamiętaj, że relacje są dynamiczne.

Relacje są dynamiczne i mogą zmieniać się w czasie. Oznacza to, że równowaga pomiędzy dawaniem i otrzymywaniem może się różnić w zależności od okoliczności.

7. Nie wahaj się poprosić o pomoc.

Jeśli brak równowagi utrzymuje się lub jeśli związek zostaje poważnie uszkodzony, być może będziesz musiał zwrócić się o pomoc do terapeuty lub doradcy, aby zaradzić tej sytuacji.

8. Kultywuj wdzięczność.

Rozwijaj praktykę wdzięczności. Uznanie i docenienie tego, co otrzymujesz od innych, może wzmocnić twoje poczucie wzajemnego doceniania.

9. Równowaga samoleczenia.

Zachowaj równowagę nawet w dbaniu o siebie. Dbanie o siebie jest niezbędne, aby móc dawać i otrzymywać w związkach. Nie zaniedbuj swojego osobistego dobra.

Utrzymanie równowagi pomiędzy dawaniem i otrzymywaniem w związkach wymaga świadomości, otwartej komunikacji i wzajemnego zaangażowania we wzajemne wspieranie się. Kiedy osiągniesz tę równowagę, twoje relacje będą silniejsze i bardziej satysfakcjonujące.

TECHNOLOGIA I RELACJE INTERPERSONALNE

Wpływ technologii na relacje

Pojawienie się technologii wywarło głęboki wpływ na relacje międzyludzkie, wpływając na komunikację, połączenia i samą naturę relacji. W tym rozdziale przyjrzymy się, jak technologia ukształtowała relacje oraz jakie stwarza wyzwania i możliwości.

1. Komunikacja wirtualna.

Technologia umożliwiła natychmiastową komunikację za pośrednictwem wiadomości, rozmów wideo i sieci społecznościowych. Ułatwiło to komunikację na odległość, ale może również prowadzić do powierzchownej komunikacji lub nieporozumień.

2. Związki na odległość.

Technologia umożliwiła znaczące relacje między ludźmi żyjącymi na odległość. Aplikacje do rozmów wideo i przesyłania wiadomości pozwalają parom i przyjaciołom utrzymywać więź emocjonalną pomimo separacji geograficznej.

3. Nowe modele randkowe.

Aplikacje randkowe online zrewolucjonizowały sposób, w jaki ludzie spotykają się i nawiązują romantyczne relacje. Mogą jednak również powodować nierealistyczne oczekiwania i powierzchowność w interakcjach.

4. Media społecznościowe i relacje.

Sieci społecznościowe mają znaczący wpływ na relacje. Mogą wzmacniać udostępnianie i połączenie, ale także powodować konflikty, zazdrość i problemy z prywatnością.

5. Uzależnienie technologiczne.

Nadużywanie technologii może prowadzić do szkodliwego uzależnienia, które może odwracać uwagę od relacji osobistych i powodować napięcia w rodzinach i parach.

6. Brak snu.

Nocne korzystanie z urządzeń technologicznych może mieć wpływ na jakość snu i zdrowie, ograniczając energię dostępną do podtrzymywania relacji.

7. Porównanie społecznościowe online.

Porównywanie się z pozornie idealnym życiem innych w mediach społecznościowych może negatywnie wpłynąć na samoocenę i wywołać poczucie nieadekwatności.

8. Możliwość nauki i nawiązywania kontaktów.

Technologia oferuje szerokie możliwości uczenia się i nawiązywania kontaktów. Możesz uczyć się nowych umiejętności, nawiązywać kontakt z ludźmi o podobnych poglądach na całym świecie i uzyskiwać dostęp do zasobów edukacyjnych.

9. Autonomia i Niepodległość.

Technologia może promować autonomię i niezależność w związkach. Za pomocą aplikacji i usług online ludzie mogą na przykład zarządzać swoimi rezerwacjami, planować wycieczki i rozwiązywać codzienne problemy.

10. Równowaga pomiędzy technologią a relacjami międzyludzkimi.

Niezbędne jest utrzymanie zdrowej równowagi między korzystaniem z technologii a relacjami międzyludzkimi. Naucz się odłączać, gdy jest to konieczne, aby skupić się na relacjach osobistych i samoopiece.

Technologia głęboko zmieniła krajobraz relacji międzyludzkich, niosąc ze sobą korzyści i wyzwania. Ważne jest, aby mieć świadomość wpływu technologii i rozwijać umiejętności, aby skutecznie poruszać się po cyfrowym świecie, utrzymując jednocześnie znaczące i zdrowe relacje.

Odpowiedzialne wykorzystanie technologii w relacjach

Odpowiedzialne korzystanie z technologii w relacjach jest kluczem do zapewnienia, że połączenia międzyludzkie pozostaną zdrowe, silne i znaczące. W tym rozdziale dowiemy się, jak odpowiedzialnie korzystać z technologii, aby poprawić swoje relacje.

1. Świadomość użytkowania.

Pierwszym krokiem do odpowiedzialnego korzystania z technologii jest świadomość własnego zachowania. Zwróć uwagę, ile czasu spędzasz w Internecie i zastanów się, jaki wpływ ma to na Twoje relacje.

2. Limity czasowe.

Ustal limity czasowe korzystania z technologii. Możesz na przykład ustawić limit czasu spędzanego w mediach społecznościowych lub na telefonie podczas interakcji twarzą w twarz.

3. Strefa wolna od technologii.

Stwórz „strefę wolną od technologii" w swoim domu lub w określonych porach dnia. Ta przestrzeń lub czas spędzony na rozłączaniu się może sprzyjać wysokiej jakości komunikacji z osobami, na których Ci zależy.

4. Szanuj prywatność.

Szanuj prywatność innych osób w interakcjach online. Nie udostępniaj danych osobowych ani zdjęć bez zgody innych osób i szanuj ich preferencje dotyczące udostępniania danych osobowych.

5. Unikaj używania podczas ważnych interakcji.

Kiedy przebywasz z innymi osobami w ważnych sytuacjach towarzyskich, staraj się unikać nadmiernego korzystania z telefonu lub innych urządzeń. Poświęć pełną uwagę podczas rozmów i wydarzeń.

6. Jasna komunikacja dotycząca oczekiwań i ograniczeń.

Jasno komunikuj się z osobami w swoich relacjach na temat swoich oczekiwań i ograniczeń w korzystaniu z technologii. Pomoże to uniknąć nieporozumień i konfliktów.

7. Promuj znaczące rozmowy.

Korzystaj z technologii, aby wspierać znaczące rozmowy. Możesz dzielić się ciekawymi artykułami, książkami lub filmami z innymi, aby wywołać wzbogacające dyskusje.

8. Konstruktywnie rozwiązuj konflikty w Internecie.

Kiedy w Internecie pojawiają się konflikty, rozwiązuj je konstruktywnie. Unikaj impulsywnych lub obraźliwych reakcji i spróbuj rozwiązać problem poprzez otwartą i pełną szacunku komunikację.

9. Utrzymaj połączenie offline.

Nie zapominaj o znaczeniu połączeń offline. Spędzaj wartościowy czas z osobami, na których Ci zależy, na zajęciach niezwiązanych z technologią.

10. Zaangażowanie w dobro wspólne.

Na koniec zaangażuj się w wspólne dobro w swoich związkach. Celem powinno być wykorzystanie technologii do wzmacniania i wzbogacania relacji międzyludzkich, a nie do ich zastępowania lub pogarszania.

Odpowiedzialne korzystanie z technologii może poprawić Twoje relacje, pomagając zachować relacje międzyludzkie i znaczącą komunikację. Dzięki zrównoważonemu i świadomemu podejściu możesz w pełni wykorzystać pozytywny potencjał technologii w swoich relacjach.

Utrzymywanie kontaktu międzyludzkiego w cyfrowym świecie

We współczesnym świecie technologia cyfrowa przyniosła wiele korzyści, ale stworzyła także wyzwania w zakresie utrzymywania znaczących kontaktów międzyludzkich. W tym rozdziale przyjrzymy się, jak można zachować i kultywować więzi międzyludzkie w cyfrowym świecie.

1. Praktykuj uważną obecność.

Uważna obecność oznacza pełną obecność w chwili obecnej podczas interakcji międzyludzkich. Kiedy jesteś z kimś, odłóż telefon na bok i skup się na rozmowie lub doświadczeniu z tą osobą.

2. Użyj technologii, aby wzmocnić relacje.

Używaj technologii strategicznie, aby wzmacniać relacje. Możesz planować rozmowy wideo z odległymi znajomymi, wysyłać wiadomości z podziękowaniami i dzielić się wyjątkowymi chwilami za pośrednictwem mediów społecznościowych.

3. Zrównoważ wykorzystanie technologii.

Zachowaj równowagę pomiędzy korzystaniem z technologii a spędzaniem czasu z innymi. Ustaw ograniczenia w korzystaniu z urządzeń i twórz przestrzenie wolne od technologii, aby promować interakcję twarzą w twarz.

4. Wartość Jakość Czas.

Spędzając czas z innymi, dbaj o jego jakość. Skup całą swoją uwagę i aktywnie angażuj się w toczącą się rozmowę lub działanie.

5. Staraj się poznawać ludzi.

Wykorzystaj technologię, aby lepiej poznać ludzi. Możesz dołączyć do grup internetowych lub forów o wspólnych zainteresowaniach, aby poznać nowych ludzi i poszerzyć swoje kontakty.

6. Promuj współczucie i empatię w Internecie.

W kontaktach online rozwijaj współczucie i empatię. Staraj się zrozumieć punkt widzenia innych i szanuj ich opinie, nawet jeśli się z nimi nie zgadzasz.

7. Świadomy wybór technologii.

Wybieraj ostrożnie, jak i kiedy korzystasz z technologii. Nie pozwól, aby technologia stała się ciągłym czynnikiem rozpraszającym Twoje relacje i codzienne życie.

8. Uznaj znaczenie relacji offline.

Nie zapominaj o znaczeniu relacji offline. Spędzaj czas z przyjaciółmi i rodziną, bierz udział w osobistych wydarzeniach i zajęciach oraz ciesz się ciepłem prawdziwych relacji międzyludzkich.

9. Otwarta komunikacja.

Utrzymuj otwartą komunikację z ludźmi w swoich związkach. Rozmawiaj o swoich uczuciach, potrzebach i oczekiwaniach, a także słuchaj, co mają do powiedzenia inni.

10. Praktykuj życzliwość i szacunek.

Niezależnie od tego, czy jesteś online, czy offline, praktykuj życzliwość i szacunek. Wartości te mają fundamentalne znaczenie dla utrzymania zdrowych i znaczących relacji.

W stale zmieniającym się cyfrowym świecie możliwe jest utrzymanie kontaktu międzyludzkiego poprzez kultywowanie autentycznych, świadomych i pełnych szacunku relacji. Poświęć czas na zastanowienie się nad swoimi cyfrowymi nawykami i relacjami oraz dokonaj wyborów, które sprzyjają więzi międzyludzkiej i dobremu samopoczuciu emocjonalnemu.

RELACJE INTERPERSONALNE I DOBRE SAMOPOCZUCIE

Związek między relacjami międzyludzkimi a dobrostanem

Związek między relacjami międzyludzkimi a dobrostanem jest głęboki i nieodłączny. Nasze powiązania z innymi odgrywają kluczową rolę w określaniu jakości naszego życia oraz stanu zdrowia psychicznego i fizycznego. W tym rozdziale przyjrzymy się, jak relacje międzyludzkie wpływają na nasze samopoczucie.

1. Wsparcie emocjonalne i społeczne.

Relacje międzyludzkie zapewniają ważne wsparcie emocjonalne i społeczne. Przyjaciele, rodzina i partnerzy mogą zaoferować pocieszenie, porady i zabezpieczenie w trudnych chwilach.

2. Redukcja stresu.

Pozytywne relacje mogą pomóc zmniejszyć stres. Dzielenie się problemami z zaufaną osobą może złagodzić ciężar zmartwień i pomóc w lepszym radzeniu sobie ze stresem.

3. Współczynnik długowieczności.

Badania pokazują, że osoby o silnych relacjach społecznych żyją dłużej i mają lepszą jakość życia w późniejszym okresie.

4. Poprawa dobrostanu emocjonalnego.

Pozytywne relacje międzyludzkie wiążą się z większym dobrostanem emocjonalnym. Miłość, więź i poczucie przynależności przyczyniają się do szczęśliwszego życia.

5. Rozwój osobisty.

Relacje mogą sprzyjać rozwojowi osobistemu. Interakcja z innymi otwiera nam nowe perspektywy, stanowi dla nas wyzwanie do rozwoju i pomaga nam odkryć więcej o sobie.

6. Odporność.

Silne relacje mogą przyczynić się do odporności emocjonalnej. Świadomość, że masz ludzi, do których możesz się zwrócić w trudnych chwilach, może zwiększyć Twoją zdolność do stawienia czoła wyzwaniom.

7. Zdrowie psychiczne.

Relacje międzyludzkie odgrywają ważną rolę w zdrowiu psychicznym. Izolacja społeczna może prowadzić do problemów takich jak depresja i stany lękowe, a pozytywne powiązania społeczne mogą zapewnić ważną sieć wsparcia.

8. Korzyści z romantycznych związków.

Zdrowe relacje romantyczne mogą prowadzić do większego szczęścia i satysfakcji z życia. Miłość i intymność mogą głęboko wzbogacić nasze emocjonalne samopoczucie.

9. Wyzwania relacyjne i rozwój.

Wyzwania w relacjach mogą być szansą na rozwój osobisty i wzajemne zrozumienie. Nauka pokonywania trudności może wzmocnić relacje w dłuższej perspektywie.

10. Komunikacja i empatia.

Otwarta i empatyczna komunikacja jest niezbędna dla dobrego samopoczucia w relacjach. Poprawa umiejętności komunikacyjnych może prowadzić do zdrowszych i bardziej satysfakcjonujących relacji.

Relacje międzyludzkie są cennym skarbem, który głęboko wpływa na nasze ogólne samopoczucie. Inwestowanie w kultywowanie i utrzymywanie pozytywnych relacji to jeden z najskuteczniejszych sposobów na poprawę jakości swojego życia i stanu zdrowia, psychicznego i fizycznego.

Strategie poprawy dobrostanu poprzez relacje

Poprawa dobrostanu poprzez relacje jest ważnym celem satysfakcjonującego i spełnionego życia. Relacje międzyludzkie mogą znacząco wpłynąć na Twoje zdrowie psychiczne i fizyczne. W tym rozdziale omówimy kilka kluczowych strategii poprawy dobrego samopoczucia poprzez relacje.

1. Pielęgnuj pozytywne relacje.

Inwestuj czas i energię w kultywowanie pozytywnych relacji. Staraj się utrzymywać znaczące kontakty z przyjaciółmi, rodziną i partnerami, które przyczyniają się do Twojego dobrego samopoczucia emocjonalnego.

2. Otwarta i empatyczna komunikacja.

Popraw swoje umiejętności komunikacyjne. Ćwicz otwartą, empatyczną komunikację, aby wspierać głębsze zrozumienie i emocjonalną więź z innymi.

3. Spędzaj czas wartościowo.

Spędzaj wartościowy czas na związkach. Liczy się nie tylko ilość czasu, ale także jakość interakcji. Skupiaj całą swoją uwagę na chwilach spędzonych z innymi.

4. Wspieraj i bądź wspierany.

Bądź aktywnym zwolennikiem w związkach. Oferuj wsparcie i słuchaj innych, kiedy tego potrzebują, i bądź otwarty na otrzymywanie wsparcia, gdy jest to dla Ciebie konieczne.

5. Rozwiązuj konstruktywne konflikty.

Naucz się konstruktywnie radzić sobie z konfliktami. Rozwiązywanie konfliktów może wzmocnić relacje, jeśli podchodzi się do nich z wzajemnym szacunkiem i zrozumieniem.

6. Twórz wyjątkowe chwile.

Twórz wyjątkowe chwile w związkach. Świętuj ważne okazje i twórz pozytywne wspomnienia z innymi.

7. Daj miłość i uznanie.

Wyrażaj miłość i uznanie osobom, na których Ci zależy. Miłe słowo lub pełen miłości gest może wzmocnić więzi emocjonalne.

8. Naucz się przebaczać.

Przebaczenie to potężny akt, który może uwolnić się od urazy i złości. Naucz się przebaczać innym i sobie błędy z przeszłości.

9. Dziel się zainteresowaniami i aktywnościami.

Dziel się zainteresowaniami i zajęciami z innymi. Dzielenie się wspólnymi hobby lub pasjami może wzmocnić więź i stworzyć bliższe więzi.

10. W razie potrzeby poszukaj profesjonalnego wsparcia.

Jeśli masz poważne trudności w związkach lub radzisz sobie z emocjami, zwróć się o pomoc do specjalisty zdrowia psychicznego. Terapia może być nieoceniona w radzeniu sobie z wyzwaniami w relacjach.

11. Praktykuj empatię i współczucie.

Rozwijaj empatię i współczucie. Spróbuj postawić się w sytuacji innych ludzi i zrozumieć ich punkt widzenia i uczucia.

12. Zrównoważ relacje online i offline.

Zachowaj równowagę pomiędzy relacjami online i offline. Jedno i drugie może być nieocenione, ale ważne jest również znalezienie czasu na kontakty twarzą w twarz.

Poprawa dobrostanu poprzez relacje wymaga zaangażowania i świadomości. Inwestuj w swoje relacje, pracuj nad komunikacją i ćwicz empatię, aby nawiązywać bardziej znaczące relacje i przyczyniać się do ogólnego dobrego samopoczucia.

Radzenie sobie z wyzwaniami związanymi z relacjami i zdrowiem psychicznym

Relacje międzyludzkie mogą przynosić radość i spełnienie, ale mogą również wiązać się z wyzwaniami, które wpływają na nasze zdrowie psychiczne. W tym rozdziale przyjrzymy się niektórym typowym wyzwaniom w relacjach i sposobom radzenia sobie z nimi, aby zachować dobre samopoczucie psychiczne.

1. Nieskuteczna komunikacja.
- Objawy: Brak komunikacji lub nieskuteczna komunikacja może prowadzić do nieporozumień i konfliktów w związkach.
- Strategie: Pracuj nad swoimi umiejętnościami komunikacyjnymi. Słuchaj aktywnie, wyrażaj swoje uczucia jasno i z szacunkiem oraz proś o informację zwrotną w celu poprawy.
2. Konflikty trwają.
- Objawy: Częste konflikty mogą powodować stres i napięcie emocjonalne.
- Strategie: Naucz się konstruktywnie zarządzać konfliktami. Szukaj kompromisu, ćwicz empatyczne słuchanie i, jeśli to konieczne, skonsultuj się z doradcą.
3. Izolacja społeczna.
- Objawy: Izolacja społeczna może prowadzić do samotności, depresji i lęku.
- Strategie: Szukaj okazji do nawiązania kontaktu z innymi. Dołącz do grup, działań społecznych lub ochotnika, aby nawiązać nowe kontakty.
4. Uzależnienie od relacji.
- Objawy: Emocjonalne uzależnienie od związku może prowadzić do lęku, depresji i niskiej samooceny.

- Strategie: Pracuj nad swoją niezależnością emocjonalną. Pielęgnuj zainteresowania osobiste i buduj poczucie niezależnej własnej wartości.

5. Zazdrość i zazdrość.

- Objawy: Zazdrość i zazdrość mogą zatruwać relacje i powodować niepokój emocjonalny.

- Strategie: Pracuj nad poczuciem własnej wartości i ćwicz wdzięczność. Skoncentruj się na swoich sukcesach i doceń swoje relacje takimi, jakie są.

6. Nadużycie lub szkodliwe zachowanie.

- Objawy: Nadużycie lub szkodliwe zachowanie w związkach może mieć poważne konsekwencje dla zdrowia psychicznego.

- Strategie: W przypadku przemocy natychmiast szukaj profesjonalnej pomocy i wsparcia. Twoje bezpieczeństwo jest najważniejsze.

7. Utrata znaczącego związku.

- Objawy: Utrata ważnego związku, taka jak rozstanie lub śmierć, może powodować głęboki smutek i żałobę.

- Strategie: Szukaj wsparcia u przyjaciół, rodziny lub terapeutów. Szanuj swój proces żałoby i poświęć czas na uzdrowienie.

8. Stres związany ze stosunkami zawodowymi.

- Objawy: Stres w miejscu pracy może negatywnie wpływać na zdrowie psychiczne.

- Strategie: Poszukaj sposobów radzenia sobie ze stresem w pracy, takich jak wyznaczanie jasnych granic i stosowanie praktyk zarządzania stresem.

9. Terapia i wsparcie psychologiczne.

- Strategie: W wielu sytuacjach terapia lub wsparcie psychologiczne mogą być nieocenione w radzeniu sobie z wyzwaniami w relacjach i poprawie zdrowia psychicznego.

Radzenie sobie z wyzwaniami w relacjach wymaga świadomości, zaangażowania i często wsparcia specjalistów zajmujących się zdrowiem psychicznym. Nie wahaj się szukać pomocy, kiedy jej potrzebujesz i pamiętaj, że Twoje zdrowie psychiczne jest najważniejsze.

ROZWÓJ OSOBISTY POPRZEZ RELACJE

Uczenie się i rozwój w relacjach

Relacje są ważnym źródłem nauki i rozwoju osobistego. Poprzez interakcje z innymi możemy zyskać większą świadomość siebie, naszych umiejętności relacji i dynamiki interpersonalnej. W tym rozdziale zbadamy, w jaki sposób relacje mogą sprzyjać uczeniu się i rozwojowi.

1. Samoświadomość.

Relacje mogą sprawdzić naszą samoocenę i osobiste przekonania. Porównywanie się z innymi może prowadzić nas do większej samoświadomości, umożliwiając rozpoznanie i zajęcie się aspektami siebie, które możemy chcieć ulepszyć.

2. Umiejętności komunikacyjne.

Wchodząc w interakcję z innymi, możemy rozwinąć bardziej skuteczne umiejętności komunikacji. Uczymy się wyrażać swoje myśli i uczucia w sposób jasny i pełen szacunku oraz aktywnie słuchać punktu widzenia innych.

3. Empatia.

Relacje dają nam możliwość ćwiczenia empatii. Stawiając się w sytuacji innych, lepiej rozumiemy ich doświadczenia i uczucia, poprawiając naszą zdolność nawiązywania z nimi kontaktu.

4. Zarządzanie konfliktem.

Radzenie sobie z konfliktami w związkach uczy nas konstruktywnego zarządzania różnicami. Uczymy się negocjować, znajdować rozwiązania i pokonywać wyzwania, co można zastosować także w innych obszarach życia.

5. Rozwój emocjonalny.

Relacje mogą prowadzić do znacznego wzrostu emocjonalnego. Dzieląc się z innymi chwilami radości i smutku, zyskujemy większe zrozumienie emocji i naszą zdolność radzenia sobie z nimi.

6. Zrozumienie dynamiki relacji.

Obserwując dynamikę relacji między nami a innymi, możemy zyskać większą świadomość dynamiki społecznej i wzajemnych wpływów w związkach.

7. Tolerancja i elastyczność.

Relacje często wymagają tolerancji i elastyczności. Ucząc się szanować różnice i dostosowywać się do potrzeb innych, stajemy się ludźmi bardziej tolerancyjnymi i otwartymi.

8. Umiejętność przebaczania.

Doświadczenie radzenia sobie z nieporozumieniami i konfliktami w związkach może nauczyć nas, jak ważne jest przebaczenie. Ucząc się przebaczać innym i sobie, możemy promować uzdrowienie i pojednanie.

9. Rozwój zarządzania relacjami.

Relacje wymagają stałej opieki i konserwacji. Dzięki naszym doświadczeniom uczymy się lepiej zarządzać relacjami oraz z czasem rozwijać silniejsze i trwalsze relacje.

10. Miłość i współczucie.

Relacje mogą prowadzić do wzrostu naszej miłości i współczucia. W miarę nawiązywania z nimi kontaktu rozwijamy większą zdolność do kochania i troszczenia się o innych.

Relacje są podatnym gruntem do nauki i rozwoju osobistego. Dzięki wyzwaniom i doświadczeniom z innymi możemy stać się bardziej świadomymi, kompetentnymi i współczującymi osobami, wzbogacając nasze życie i relacje.

Zasoby poprawiające relacje

Poprawa relacji wymaga zaangażowania i zasobów. W tym rozdziale przyjrzymy się różnym zasobom i narzędziom, które mogą pomóc Ci kultywować zdrowsze i bardziej znaczące relacje.

1. Terapia i doradztwo.

Terapia indywidualna lub terapia par może być nieocenionym źródłem pomocy w rozwiązywaniu problemów w relacjach i doskonaleniu umiejętności komunikacyjnych. Doświadczony terapeuta może pomóc Ci zbadać dynamikę relacji i znaleźć rozwiązania.

2. Książki i zasoby internetowe.

Istnieje wiele książek i zasobów internetowych poświęconych poprawie relacji. Od poradników po artykuły i blogi – znajdziesz wskazówki i strategie radzenia sobie z różnymi aspektami relacji.

3. Kursy i warsztaty.

Udział w zajęciach lub warsztatach dotyczących relacji może zapewnić zorganizowaną okazję do nauczenia się nowych umiejętności w zakresie relacji i nawiązania kontaktu z innymi osobami, które mają te same cele.

4. Grupy wsparcia.

Grupy wsparcia mogą zapewnić bezpieczne miejsce do wymiany doświadczeń i znalezienia wsparcia od osób stojących przed podobnymi wyzwaniami w swoich związkach.

5. Aplikacje i oprogramowanie.

Istnieją aplikacje i oprogramowanie zaprojektowane, aby pomóc w doskonaleniu umiejętności interpersonalnych. Niektóre oferują ćwiczenia komunikacyjne, promują świadomość emocjonalną i zapewniają praktyczne porady.

6. Podcasty i seminaria internetowe.

Podcasty i seminaria internetowe dotyczące relacji mogą oferować cenne perspektywy i porady ekspertów branżowych. Możesz ich słuchać w dowolnym momencie w poszukiwaniu inspiracji i informacji.

7. Mentoring i coaching.

Mentor lub coach może zapewnić spersonalizowane wskazówki, jak stawić czoła konkretnym wyzwaniom w relacjach i osiągnąć cele w zakresie poprawy.

8. Sieci społecznościowe.

Uczestnictwo w sieciach społecznościowych może zapewnić możliwość poznania nowych ludzi i nawiązania znaczących kontaktów. Możesz brać udział w wydarzeniach lokalnych lub online w zależności od swoich zainteresowań.

9. Grupy czytelnicze lub dyskusyjne.

Dołącz do grup czytelniczych lub dyskusji skupiających się na książkach lub tematach związanych ze związkami. Grupy te dają możliwość dzielenia się pomysłami i poglądami z innymi.

10. Autorefleksja i medytacja.

Autorefleksja i medytacja mogą pomóc Ci rozwinąć większą świadomość siebie i swoich relacji. Praktykowanie uważności może poprawić Twoją zdolność do bycia obecnym w interakcjach.

Pamiętaj, że nie ma jednego uniwersalnego związku i to, co działa dla Ciebie, może nie działać dla innych. Eksperymentuj z różnymi zasobami i podejściami, aby znaleźć to, które najlepiej pasuje do Twoich potrzeb i celów w zakresie relacji.

Rozwój umiejętności społecznych

Umiejętności społeczne są niezbędne do budowania zdrowych i znaczących relacji. Umiejętności te pomagają skutecznie komunikować się, zarządzać konfliktami i nawiązywać znaczące kontakty z innymi. W tym rozdziale przyjrzymy się, jak rozwijać umiejętności społeczne, aby poprawić swoje relacje.

1. Aktywne słuchanie.

Aktywne słuchanie to kluczowa umiejętność. Ćwicz słuchanie bez oceniania i okazuj prawdziwe zainteresowanie tym, co mówią inni. Zadawaj pytania, aby pogłębić zrozumienie i odzwierciedlić ich emocje.

2. Przejrzysta komunikacja.

Naucz się komunikować jasno i bezpośrednio. Wyrażaj swoje myśli i uczucia w sposób otwarty, ale pełen szacunku, unikając dwuznaczności i dwuznaczności.

3. Empatia.

Rozwijaj swoje umiejętności empatii. Spróbuj zrozumieć emocje i punkt widzenia innych, stawiając się na ich miejscu. To sprzyja głębszej więzi.

4. Zarządzanie konfliktem.

Naucz się konstruktywnie radzić sobie z konfliktami. Uznaj, że konflikty są czymś normalnym w związkach i szukaj rozwiązań, które szanują potrzeby obu stron.

5. Samokontrola emocjonalna.

Rozwijaj samokontrolę emocjonalną. Naucz się zarządzać swoimi emocjami, aby nie wpływały one negatywnie na Twoją komunikację i interakcje z innymi.

6. Szacunek i życzliwość.

Okazuj szacunek i życzliwość innym. Traktuj innych tak, jak sam chciałbyś być traktowany, nawet w trudnych sytuacjach.

7. Nie komunikacja werbalna.

Zwróć uwagę na komunikację niewerbalną. Język ciała, mimika i ton głosu mogą przekazywać ważne wiadomości.

8. Rozpoznawanie potrzeb innych.

Bądź uważny na potrzeby innych. Zaoferuj wsparcie, gdy jest potrzebne i zapytaj, jak możesz pomóc.

9. Budowanie autentycznych połączeń.

Staraj się budować autentyczne relacje z innymi. Bądź sobą i pokaż swoją prawdziwą stronę w związkach.

10. Elastyczność.

Rozwijaj elastyczność w interakcjach społecznych. Dostosuj swoje zachowanie i komunikację do potrzeb różnych sytuacji i ludzi.

11. Kontynuacja nauczania.

Umiejętności społeczne można stale doskonalić. Poproś o opinie innych i zastanów się nad swoimi interakcjami, aby zidentyfikować obszary wymagające poprawy.

12. Ćwiczyć.

Wreszcie, praktyka jest niezbędna do rozwoju umiejętności społecznych. Wchodź w interakcję z różnymi ludźmi i różnymi sytuacjami, aby z czasem doskonalić swoje umiejętności społeczne.

Rozwijanie umiejętności społecznych wymaga czasu i poświęcenia, ale może prowadzić do bardziej satysfakcjonujących relacji i znaczących więzi z innymi. Dzięki ciągłemu wysiłkowi na rzecz doskonalenia tych umiejętności możesz wzbogacić swoje życie osobiste i zawodowe.

Utrzymuj długotrwałe relacje

Utrzymuj relacje na dłuższą metę

Utrzymanie znaczących relacji w dłuższej perspektywie wymaga zaangażowania i stałej opieki. W tym rozdziale omówimy niektóre strategie utrzymywania i wzmacniania relacji w miarę upływu czasu.

1. Otwarta i szczera komunikacja.

Otwarta i szczera komunikacja ma kluczowe znaczenie dla utrzymania długotrwałych relacji. Dziel się szczerze swoimi przemyśleniami, uczuciami i obawami i uważnie słuchaj, co mają do powiedzenia inni.

2. Szacunek i życzliwość trwają.

Kontynuuj okazywanie szacunku i życzliwości innym, nawet gdy minie początkowy etap entuzjazmu. Traktuj swojego partnera, przyjaciół lub członków rodziny z taką samą uprzejmością i uwagą, jaką okazałeś na początku związku.

3. Czas jakości.

Spędzaj wartościowy czas na związkach. Zaplanuj wyjątkowe chwile, aby spędzić razem czas, podzielić się doświadczeniami i stworzyć znaczące wspomnienia.

4. Docenianie i uznanie.

Regularnie okazuj innym uznanie i uznanie. Okazuj wdzięczność za to, co dla ciebie robią i bądź świadomy ich pozytywnych cech.

5. Zdolność adaptacji.

Bądź elastyczny i elastyczny w relacjach. Ludzie zmieniają się z biegiem czasu, a udane relacje to te, które ewoluują wraz z nimi.

6. Konstruktywne rozwiązywanie konfliktów.

Konflikty są nieuniknione w długotrwałych związkach. Naucz się nimi konstruktywnie zarządzać, szukając rozwiązań satysfakcjonujących obie strony i chroniących godność każdego człowieka.

7. Zrozumienie różnic.

Rozpoznaj i zrozum różnice między tobą a innymi. Nie wszyscy ludzie są tacy sami, a docenienie różnic może wzbogacić twoje zrozumienie i więź.

8. Stałe wsparcie emocjonalne.

Zapewniaj i szukaj stałego wsparcia emocjonalnego. Relacje powinny być źródłem pocieszenia i wsparcia w trudnych chwilach.

9. Dzielenie się celami życiowymi.

Dziel się swoimi celami życiowymi i aspiracjami z innymi, staraj się zrozumieć i wspierać ich cele. Posiadanie wspólnej wizji przyszłości może wzmocnić połączenie.

10. Utrzymanie zaufania.

Zaufanie jest niezbędne w relacjach. Dotrzymuj słowa, bądź rzetelny i uczciwy, aby utrzymać zaufanie innych.

11. Pardon.

Praktykuj przebaczenie. Ludzie popełniają błędy, ale przebaczenie może pozwolić ci iść naprzód bez urazy i urazy.

12. Szanuj przestrzeń osobistą.

Szanuj przestrzeń osobistą i indywidualność innych. Każdy potrzebuje własnego czasu i przestrzeni, aby się rozwijać.

Utrzymywanie długotrwałych relacji wymaga konsekwentnej pracy i poświęcenia, ale może prowadzić do głębokich i trwałych relacji. Rozwijaj te umiejętności i strategie, aby budować relacje, które wzbogacają Twoje życie na przestrzeni lat.

Zarządzaj zmianami w relacjach

Relacje są dynamiczne i zmieniają się w czasie. Radzenie sobie z tymi zmianami i zarządzanie nimi jest niezbędne do utrzymania zdrowych i znaczących relacji. W tym rozdziale omówimy, jak radzić sobie ze zmianami w relacjach i zarządzać nimi.

1. Akceptacja zmiany.

Pierwszym krokiem w zarządzaniu zmianami w relacjach jest akceptacja. Uznaj, że zmiana jest normalną częścią życia i relacji. Zaakceptowanie faktu, że ludzie i sytuacje ulegną zmianie, pomoże Ci lepiej radzić sobie ze zmianami.

2. Otwarta komunikacja.

Utrzymuj otwartą i szczerą komunikację z innymi. Porozmawiaj o zmianach, których doświadczasz, i wysłuchaj ich uczuć i myśli. Komunikacja może pomóc w wyjaśnieniu oczekiwań i rozwiązaniu wszelkich nieporozumień.

3. Zdolność adaptacji.

Rozwijaj swoją zdolność adaptacji. Relacje rozwijają się, gdy ludzie są gotowi na zmiany i przystosowanie się do nowych okoliczności. Bądź elastyczny i otwarty na różne potrzeby i priorytety.

4. Redukcja konfliktów.

Staraj się ograniczać konflikty w czasach zmian. Napięcia mogą nasilać się w zmieniających się sytuacjach, dlatego staraj się rozwiązywać konflikty w sposób konstruktywny, aby zapobiec ich eskalacji.

5. Wsparcie emocjonalne.

Zapewniaj i szukaj wsparcia emocjonalnego. W czasach zmian ludzie mogą czuć się bezbronni lub niespokojni. Bycie wsparciem dla innych może wzmocnić więź.

6. Ponownie rozważ priorytety.

Zmiany mogą prowadzić do ponownej oceny priorytetów. Zastanów się, co jest naprawdę ważne dla Ciebie i Twojego związku, i spróbuj odpowiednio dostosować swoje działania i decyzje.

7. Czas dla siebie.

Nie zaniedbuj czasu dla siebie. W czasach zmian ważne jest, aby poświęcić czas na refleksję nad własnymi potrzebami i autentycznością.

8. Skonsultuj się ze specjalistą.

Jeśli zmiany w Twoim związku są szczególnie złożone lub niepokojące, rozważ wizytę u terapeuty lub doradcy. Profesjonalista może zaoferować wsparcie i narzędzia umożliwiające skuteczniejsze radzenie sobie ze zmianami.

9. Zarządzanie żałobą po stracie.

Zmiany mogą obejmować utratę bliskich lub sytuacji. Ważne jest, aby przepracować ból związany ze stratą i szukać wsparcia, aby przejść przez to w zdrowy sposób.

10. Wzmocnij więź.

Pomimo zmian szukaj sposobów na nawiązanie więzi z innymi. Znajdź sposoby na ponowne nawiązanie kontaktu i wzmocnienie relacji w oparciu o nowe okoliczności.

Zarządzanie zmianami w relacjach wymaga odporności, zdolności adaptacyjnych i otwartej komunikacji. Podchodź do zmian z otwartym umysłem i współczującym sercem i szukaj sposobów na rozwój i wzmocnienie swoich relacji, nawet pomimo wyzwań związanych ze zmianami.

Jak sobie poradzić z końcem związku

Zakończenie związku może być jednym z najtrudniejszych wydarzeń w życiu człowieka. Może generować szereg intensywnych emocji, a leczenie i przystosowanie się wymaga czasu. W tym rozdziale dowiemy się, jak poradzić sobie z końcem związku w zdrowy i konstruktywny sposób.

1. Zaakceptuj swoje uczucia.

Pierwszą rzeczą, którą musisz zrobić, to zaakceptować swoje uczucia. To normalne, że pod koniec związku czujesz się smutny, zły, zdezorientowany, a nawet odczuwasz ulgę. Nie oceniaj siebie na podstawie swoich uczuć; pozwól im wypłynąć i unosić się naturalnie.

2. Szukaj wsparcia.

Szukaj wsparcia u przyjaciół, rodziny lub specjalistów. Rozmowa z zaufaną osobą może pomóc Ci wyrazić swoje uczucia i uzyskać cenne rady.

3. Poświęć czas na uzdrowienie.

Uzdrowienie wymaga czasu, więc pozwól sobie na stopniowe przechodzenie przez ten proces. Nie spodziewaj się, że od razu poczujesz się dobrze i nie próbuj ukrywać ani tłumić swoich uczuć.

4. Ponownie rozważ swoje cele.

Po zakończeniu związku możesz zastanowić się nad swoimi celami i planami na przyszłość. Zastanów się, co jest dla Ciebie ważne i jakie są Twoje priorytety.

5. Ucz się na błędach i doświadczeniach.

Poświęć trochę czasu na przemyślenie relacji i wyciągniętych wniosków. Czego nauczyłeś się z tego doświadczenia? Jak możesz rozwijać się jako osoba, mimo wyzwań, przed którymi stałeś?

6. Utrzymuj poczucie własnej wartości.

Zakończenie związku nie powinno podważać Twojej samooceny. Pracuj nad swoją samooceną i pewnością siebie. Skoncentruj się na tym, co w sobie lubisz i co masz do zaoferowania.

7. Dbaj o siebie.

Upewnij się, że w tym czasie dbasz o siebie. Ćwiczenia, zdrowe odżywianie, regularny sen i czynności przynoszące radość mogą przyczynić się do dobrego samopoczucia emocjonalnego.

8. Ogranicz kontakt z byłym.

Pomocne może być ograniczenie kontaktu z byłym partnerem, przynajmniej na początku. Pomoże Ci to w emocjonalnym zdystansowaniu się i skupieniu na powrocie do zdrowia.

9. Unikaj impulsywnych decyzji.

Unikaj podejmowania ważnych decyzji pod wpływem impulsu. Po zakończeniu związku emocje mogą być burzliwe. Zanim podejmiesz ważne decyzje, poświęć trochę czasu na przemyślenie.

10. Utwórz nowe połączenia.

Z czasem możesz poczuć się gotowy na nawiązanie nowych kontaktów. Nie czuj się do tego zobowiązany, ale kiedy będziesz gotowy, otwórz się na nowe możliwości kontaktów towarzyskich i relacji.

11. Jeśli to konieczne, poproś o profesjonalne wsparcie.

Jeśli zmagasz się z zakończeniem związku, nie wahaj się zwrócić o pomoc do specjalisty zdrowia psychicznego. Terapia może być bezpiecznym środowiskiem do odkrywania swoich uczuć i otrzymywania wskazówek.

Pamiętaj, że zakończenie związku to proces indywidualny i niepowtarzalny dla każdej osoby. Szanuj swoją podróż uzdrawiania i szukaj zasobów, których potrzebujesz, aby stawić czoła temu emocjonalnemu wyzwaniu. Z biegiem czasu możesz odzyskać siły i zbudować życie, które sprawi, że będziesz szczęśliwy i spełniony.

PRZYSZŁOŚĆ RELACJI INTERPERSONALNYCH

Trendy i zmiany w relacjach międzyludzkich

Relacje międzyludzkie podlegają ciągłej ewolucji, pod wpływem szeregu trendów i zmian społecznych, technologicznych i ekonomicznych. Zrozumienie tych trendów może pomóc nam lepiej poruszać się po świecie relacji i dostosowywać się do zachodzących zmian. W tym rozdziale przyjrzymy się niektórym głównym trendom i zmianom w relacjach międzyludzkich.

1. Wirtualne relacje.

Pojawienie się technologii dało początek wirtualnym relacjom, w ramach których ludzie łączą się i wchodzą w interakcje głównie online. Relacje te mogą obejmować przyjaźnie w mediach społecznościowych lub romantyczne relacje online. Ważne jest, aby zarządzać tymi wirtualnymi połączeniami w zdrowy sposób i szukać równowagi w relacjach offline.

2. Randki w Internecie.

Randki online stają się coraz bardziej powszechne. Aplikacje i strony randkowe umożliwiają skuteczniejsze poznawanie nowych ludzi, ale wymagają również szczególnej dbałości o bezpieczeństwo i przejrzystość.

3. Małżeństwa i konkubinaty.

Zmienia się dynamika małżeństw i konkubinatów. Wiele osób opóźnia zawarcie związku małżeńskiego lub w ogóle nie decyduje się na zawarcie związku małżeńskiego. Wspólne mieszkanie przed ślubem jest coraz bardziej akceptowane jako etap sprawdzania zgodności.

4. Nietradycyjne rodziny.

rodziny nietradycyjne, takie jak rodziny mieszane, rodziny z rodzicami tej samej płci i rodziny niepełne. Dynamika ta wymaga dostosowania i zrozumienia różnorodności relacji rodzinnych.

5. Praca i relacje.

Wyzwania związane z pracą, takie jak mobilność geograficzna i presja w pracy, mogą wpływać na relacje międzyludzkie. Ważne jest, aby zachować równowagę między karierą a życiem osobistym, aby zachować znaczące relacje.

6. Integracja technologii w relacjach.

Technologie, takie jak telefony komórkowe i media społecznościowe, stały się centralnym elementem relacji. Niezbędne jest zarządzanie wykorzystaniem tych technologii, aby zapobiec ich negatywnemu wpływowi na interakcje osobiste.

7. Stosunki międzynarodowe.

Relacje międzyludzkie nie są już ograniczone granicami geograficznymi. Ludzie mogą rozwijać znaczące powiązania i relacje z osobami z różnych części świata dzięki łatwości globalnej komunikacji.

8. Zwiększona aktywność społeczna w Internecie.

Coraz powszechniejsze staje się uczestnictwo w grupach internetowych, forach dyskusyjnych i społecznościach wirtualnych. Platformy te dają możliwość nawiązania kontaktu z ludźmi o podobnych zainteresowaniach na całym świecie.

9. Świadomość emocjonalna i relacyjna.

Rośnie świadomość znaczenia świadomości emocjonalnej i umiejętności budowania relacji. Ludzie aktywnie starają się rozwijać te umiejętności, aby poprawić swoje relacje.

10. Zrównoważony rozwój i wspólne wartości.

W relacjach międzyludzkich ludzie coraz większą uwagę zwracają na wspólne wartości, w tym na zrównoważony rozwój środowiska. Ta świadomość może wpływać na wybory związane z przyjaźniami i związkami romantycznymi.

Zrozumienie i przystosowanie się do tych trendów i zmian może pomóc w budowaniu bardziej satysfakcjonujących i znaczących relacji. Ważne jest, aby zachować elastyczność, otwarcie się komunikować i skupiać się na swoich potrzebach i celach w rozwijających się relacjach międzyludzkich.

Przyszłe wyzwania

Świat relacji międzyludzkich stale się rozwija, a wraz z nim pojawiają się nowe wyzwania. Przygotowanie się do sprostania tym wyzwaniom może pomóc w utrzymaniu i poprawie relacji w przyszłości. Poniżej przeanalizujemy niektóre wyzwania stojące przed relacjami międzyludzkimi.

1. Technologia i izolacja.

Nadużywanie technologii może prowadzić do izolacji społecznej. Ludzie mogą spędzać coraz więcej czasu w Internecie kosztem relacji twarzą w twarz. Wyzwanie polega na korzystaniu z technologii w sposób odpowiedzialny i zrównoważony.

2. Wirtualne relacje vs. Relacje twarzą w twarz.

W miarę rozwoju relacji wirtualnych ważne staje się zrównoważenie relacji online z relacjami twarzą w twarz. Utrzymanie prawdziwego kontaktu międzyludzkiego może stać się wyzwaniem, gdy tak wiele interakcji odbywa się w Internecie.

3. Stres i presja we współczesnym życiu.

Współczesne życie często charakteryzuje się ciągłym stresem i presją, które mogą nadwyrężać relacje. Osoby muszą znaleźć sposoby radzenia sobie ze stresem, tak aby nie wpływał on negatywnie na ich relacje międzyludzkie.

4. Nietolerancja i podziały społeczne.

Podziały społeczne i polityczne mogą wpływać na relacje osobiste. Ludzie mogą znaleźć się w relacjach z osobami, które mają odmienne opinie i muszą nauczyć się konstruktywnie radzić sobie z nieporozumieniami.

5. Dysproporcje gospodarcze.

Dysproporcje ekonomiczne mogą wpływać na relacje, prowadząc do napięć finansowych i wyzwań w zakresie podziału odpowiedzialności finansowej. Sprawiedliwość finansowa w związkach staje się coraz ważniejszą kwestią.

6. Zdrowie psychiczne i dobre samopoczucie.

Zdrowie psychiczne i dobre samopoczucie mogą znacząco wpływać na relacje. Radzenie sobie z problemami zdrowia psychicznego może wymagać dodatkowego zrozumienia i wsparcia ze strony innych.

7. Mobilność geograficzna.

Mobilność geograficzna w celach zawodowych lub z innych powodów może prowadzić do wyzwań w relacjach, w tym do zarządzania relacjami na odległość. W takich sytuacjach kluczowa staje się komunikacja i zaufanie.

8. Nietradycyjne rodziny.

Rodziny nietradycyjne, w tym rodziny mieszane, mogą wiązać się z wyjątkowymi wyzwaniami. Nauka poruszania się w tej dynamice wymaga zrozumienia i zdolności adaptacyjnych.

9. Różne czasy życia.

Ludzie mogą mieć różną długość życia, a niektórzy decydują się na zawarcie związku małżeńskiego i posiadanie dzieci w późniejszym wieku. Wybory te mogą prowadzić do wyzwań w planowaniu rodziny i relacjach międzypokoleniowych.

10. Równowaga pomiędzy pracą i życiem.

W miarę wzrostu wymagań zawodowych godzenie pracy i życia staje się coraz trudniejsze. Równowaga między karierą a relacjami osobistymi jest ciągłym wyzwaniem.

Sprostanie tym przyszłym wyzwaniom będzie wymagało ciągłego zaangażowania w rozwój umiejętności miękkich, otwartej komunikacji i wzajemnego wsparcia. Jednak dzięki świadomości i przygotowaniu możliwe jest utrzymanie i poprawa relacji w przyszłości.

Nadzieje i perspektywy

Pomimo wyzwań i zmian, jakie czekają nas w relacjach międzyludzkich, kryje się w nas wiele nadziei i pozytywnych perspektyw na przyszłość. W tym rozdziale omówimy niektóre nadzieje i perspektywy, które możemy pielęgnować, aby budować silniejsze i bardziej znaczące relacje.

1. Rozwój osobisty i dzielenie się.

Relacje mogą być źródłem ciągłego rozwoju osobistego. Mamy nadzieję uczyć się od innych, rozwijać nowe umiejętności interpersonalne i dzielić się znaczącymi doświadczeniami.

2. Wsparcie emocjonalne i zaufanie.

W związkach mamy nadzieję znaleźć stałe wsparcie emocjonalne i wzajemne zaufanie. Elementy te są kluczem do stworzenia środowiska wsparcia i miłości.

3. Dzielenie się wartościami i pasjami.

Relacje pozwalają dzielić wartości, pasje i cele z ludźmi o podobnych poglądach. To dzielenie się może prowadzić do głębokich więzi i poczucia przynależności.

4. Rozwój relacji rodzinnych.

Mamy nadzieję, że relacje rodzinne będą się rozwijać i wzmacniać, koncentrując się na zrozumieniu, wzajemnym wsparciu i szacunku dla różnic.

5. Trwałe relacje przyjacielskie.

Z czasem przyjaźń może stać się jeszcze bardziej znacząca. Mamy nadzieję kultywować długotrwałe przyjaźnie oparte na lojalności, humorze i dzieleniu się wyjątkowymi chwilami.

6. Miłość i romantyczne połączenie.

W związkach romantycznych mamy nadzieję znaleźć trwałą miłość i głęboką więź. Ta miłość może prowadzić do wspólnego życia pełnego przygód i wyjątkowych chwil.

7. Zdrowe i pełne szacunku relacje.

Mamy nadzieję, że przyszłe relacje będą charakteryzowały się wzajemnym szacunkiem, otwartą komunikacją i konstruktywnym zarządzaniem konfliktami.

8. Wspieraj społeczność.

Relacje mogą prowadzić do silnej i kochającej społeczności wsparcia. Te sieci społecznościowe mogą być źródłem wsparcia w potrzebie.

9. Kontynuacja nauczania.

Mamy nadzieję nadal uczyć się na podstawie naszych relacji i wykorzystywać zdobytą wiedzę do ciągłego ulepszania naszych interakcji z innymi.

10. Przyczynianie się do szczęścia i dobrego samopoczucia.

Relacje mogą znacząco przyczynić się do naszego szczęścia i dobrego samopoczucia. Mamy nadzieję, że nasze relacje będą dla nas inspiracją, wzbogacą nas i uczynią lepszymi.

Pomimo wyzwań i zmian relacje międzyludzkie pozostają źródłem nadziei, radości i sensu naszego życia. Pielęgnując te nadzieje i perspektywy, możemy wspólnie pracować nad budowaniem silniejszych i bardziej satysfakcjonujących relacji w przyszłości.

WNIOSKI I PRAKTYCZNE PORADY

Podsumowanie głównych lekcji

Rozdział 1: Wprowadzenie do relacji międzyludzkich.

- Relacje międzyludzkie są podstawowym aspektem życia człowieka.
- Relacje wymagają zaangażowania, komunikacji i wzajemnego zrozumienia.

Rozdział 2: Definicja relacji międzyludzkich.

- Relacje interpersonalne to powiązania między jednostkami oparte na interakcjach emocjonalnych, społecznych i/lub zawodowych.

Rozdział 3: Znaczenie relacji międzyludzkich w życiu codziennym.

- Relacje międzyludzkie wpływają na dobrostan emocjonalny, społeczny i psychiczny ludzi.

Rozdział 4: Podstawy komunikacji.

- Komunikacja ma kluczowe znaczenie w relacjach i składa się z elementów werbalnych i niewerbalnych.

Rozdział 5: Bariery w komunikacji.

- Bariery komunikacyjne mogą utrudniać wzajemne zrozumienie i należy je pokonać, aby zbudować skuteczne relacje.

Rozdział 6: Skuteczne umiejętności komunikacyjne.

- Aktywne słuchanie, jasna komunikacja i zarządzanie konfliktami to kluczowe umiejętności skutecznej komunikacji.

Rozdział 7: Aktywne słuchanie.

- Aktywne słuchanie polega na poświęcaniu pełnej uwagi drugiej osobie, rozumieniu jej emocji i wyrażaniu prawdziwego zainteresowania.

Rozdział 8: Etapy rozwoju relacji.

- Relacje przechodzą przez fazy tworzenia, konsolidacji i możliwego upadku.

Rozdział 9: Budowanie zaufania w relacjach.

- Zaufanie jest filarem zdrowych relacji, na które należy zapracować i je utrzymać.

Rozdział 10: Rozwiązywanie konfliktów.

- Konstruktywne zarządzanie konfliktami jest niezbędne do utrzymywania relacji i rozwiązywania różnic w zdrowy sposób.

Rozdział 11: Zarządzanie emocjami w związkach.

- Zrozumienie emocji i zarządzanie nimi jest niezbędne do utrzymania zrównoważonych i pozytywnych relacji.

Rozdział 12: Empatia i zrozumienie.

- Empatia i zrozumienie punktu widzenia innych są kluczem do budowania znaczących relacji.

Rozdział 13: Relacje rodzinne.

- Relacje rodzinne mogą być złożone, ale stanowią ważne wsparcie w życiu każdego człowieka.

Rozdział 14: Związki romantyczne.

- Związki romantyczne charakteryzują się miłością, intymnością i zaangażowaniem.

Rozdział 15: Przyjazne relacje.

- Przyjaźń oferuje wsparcie emocjonalne, zrozumienie i dzielenie wspólnych zainteresowań.

Rozdział 16: Relacje zawodowe.

- Relacje zawodowe są podstawą sukcesu i satysfakcji w świecie pracy.

Rozdział 17: Wirtualne relacje.

- Relacje wirtualne obejmują interakcje online i wymagają uwagi na temat zarządzania czasem i komunikacji.

Rozdział 18: Relacje w pracy.

- Relacje w miejscu pracy są ważne dla współpracy, produktywności i kultury korporacyjnej.

Rozdział 19: Relacje we wspólnocie.

- Relacje społeczne przyczyniają się do poczucia przynależności i dobrego samopoczucia społecznego.

Rozdział 20: Relacje w szkole.

- Relacje między nauczycielami, uczniami i rodzicami są niezbędne dla pozytywnego środowiska szkolnego.

Rozdział 21: Relacje w sytuacjach konfliktowych.

- Na relacje mogą wpływać sytuacje konfliktowe, które wymagają ostrożnego postępowania.

Rozdział 22: Znaczenie poczucia własnej wartości.

- Poczucie własnej wartości ma kluczowe znaczenie dla zdrowia relacji i dobrego samopoczucia osobistego.

Rozdział 23: Praca nad poczuciem własnej wartości.

- Poprawa poczucia własnej wartości wymaga autorefleksji, samoakceptacji i dbania o siebie.

Rozdział 24: Dbanie o siebie w związkach.

- Dbanie o siebie jest niezbędne do utrzymania zdrowych i znaczących relacji.

Rozdział 25: Zachowanie równowagi pomiędzy dawaniem i otrzymywaniem.

- Równowaga w dawaniu i otrzymywaniu ma kluczowe znaczenie dla wzajemnych i satysfakcjonujących relacji.

Rozdział 26: Wpływ technologii na relacje.

- Technologia może zarówno pozytywnie, jak i negatywnie wpływać na relacje międzyludzkie.

Rozdział 27: Odpowiedzialne wykorzystanie technologii w relacjach.

- Odpowiedzialne korzystanie z technologii wymaga świadomości i kontroli, aby zachować więzi międzyludzkie.

Rozdział 28: Utrzymywanie kontaktu międzyludzkiego w cyfrowym świecie.

- Zachowanie więzi międzyludzkich wymaga świadomego wysiłku w epoce cyfrowej.

Rozdział 29: Związek między relacjami interpersonalnymi a dobrym samopoczuciem.

- Relacje międzyludzkie wpływają na dobrostan emocjonalny, społeczny i psychiczny ludzi.

Rozdział 30: Utrzymywanie relacji na dłuższą metę.

- Utrzymywanie znaczących relacji wymaga ciągłego wysiłku, komunikacji i zdolności adaptacyjnych.

Rozdział 31: Zarządzanie zmianami w relacjach.

- Akceptacja, komunikowanie się i dostosowywanie do zmian jest niezbędne do utrzymania zdrowych, znaczących relacji.

Rozdział 32: Radzenie sobie z rozpadem związku.

- Radzenie sobie z końcem związku wymaga akceptacji, wsparcia i czasu na uzdrowienie.

Rozdział 33: Tendencje i zmiany w relacjach międzyludzkich.

- Na relacje wpływają takie trendy, jak technologia, randki online i różnorodność rodziny.

Rozdział 34: Przyszłe wyzwania w relacjach międzyludzkich.

- Przyszłe wyzwania obejmują technologię i izolację, podziały społeczne i stres współczesnego życia.

Rozdział 35: Nadzieje i perspektywy w relacjach międzyludzkich.

- Pomimo wyzwań istnieje nadzieja na rozwój, połączenie i szczęście w przyszłych związkach.

W tej książce zgłębiliśmy szeroki krajobraz relacji międzyludzkich, dostarczając porad i narzędzi pozwalających budować silniejsze, bardziej znaczące i satysfakcjonujące relacje w życiu codziennym.

Podsumowanie wskazówek, jak poprawić relacje międzyludzkie

1. Efektywna komunikacja:
- Słuchaj aktywnie i z empatią.
- Komunikuj się jasno i szczerze.
- Używaj języka „ja", aby wyrazić swoje uczucia i myśli.
2. Zarządzanie konfliktem:
- Radź sobie z konfliktami konstruktywnie, nie unikaj ich.
- Szukaj rozwiązań kompromisowych, które satysfakcjonują obie strony.
- Unikaj obwiniania i obwiniania, koncentrując się na problemach.
3. Budowanie zaufania:
- Bądź niezawodny i dotrzymuj obietnic.
- Otwórz się na komunikację i podziel się swoimi uczuciami.
- Okazuj szacunek i wsparcie innym.
4. Empatia i zrozumienie:
- Spróbuj spojrzeć na sprawy z perspektywy innych ludzi.
- Ćwicz empatię, aby zrozumieć emocje i doświadczenia innych.
- Zapewnij słuchanie bez oceniania.
5. Poczucie własnej wartości i troska o siebie:
- Pracuj nad swoją samooceną i samoakceptacją.
- Zadbaj o siebie fizycznie i emocjonalnie.
- Naucz się wyznaczać zdrowe granice.
6. Równowaga pomiędzy dawaniem i otrzymywaniem:
- Bądź gotowy dawać, ale także otrzymywać wsparcie i miłość.
- Unikaj przeciążenia emocjonalnego i naucz się mówić „nie", jeśli to konieczne.
- Zachowaj równowagę we wzajemnym dzieleniu się.

7. Zarządzanie emocjami:

- Naucz się rozpoznawać emocje i zarządzać nimi w zdrowy sposób.
- Nie tłumij ani nie tłumij emocji, ale wyrażaj je odpowiednio.
- W razie potrzeby poszukaj profesjonalnego wsparcia, aby rozwiązać złożone problemy emocjonalne.

8. Akceptacja różnic:

- Szanuj różnice indywidualne i kulturowe.
- Akceptuj różnorodność w związkach.
- Rozwijaj tolerancję i otwartość umysłu.

9. Wsparcie emocjonalne:

- Oferuj wsparcie emocjonalne bliskim.
- Okazuj empatię i współczucie, gdy inni przeżywają trudne chwile.
- W razie potrzeby zapewnij przyjazne ucho i praktyczną pomoc.

10. Utrzymywanie kontaktu międzyludzkiego:

- Nie pozwól, aby technologia zastąpiła interakcje twarzą w twarz.
- Znajdź czas na znaczące relacje offline.
- Pielęgnuj więź międzyludzką poprzez autentyczną komunikację i troskę.

Postępując zgodnie z tymi wskazówkami i konsekwentnie ćwicząc umiejętności relacji, możesz poprawić relacje międzyludzkie, zbudować głębsze więzi i cieszyć się bardziej satysfakcjonującymi relacjami w codziennym życiu.